EL ABSURDO ESPAÑOL

PARIS NUEZ MARRERO

Título original: El absurdo español

© F. Paris Nuez Marrero, 2014 (Texto y edición)

© Pablo Sosa Álamo (Portada y Contraportada)

© Lulu, 2014 (Casa editorial)

PRIMERA EDICIÓN: OCTUBRE 2014

IMPRESIÓN: "Lulu" es una editorial de impresión bajo demanda: El libro es impreso en la imprenta más cercana con convenio con la propia editorial al domicilio desde el que se solicite.

Quedan reservados los derechos patrimoniales de la obra. El autor permite, sin embargo, la reproducción total o parcial de esta obra, su incorporación a un sistema informático, su transmisión en cualquier forma o por cualquier medio (electrónico, mecánico, fotocopia, grabación u otros) sin autorización de ningún tipo.

www.lulu.com

ISBN : 978-1-326-04120-5

PRÓLOGO DEL AUTOR:

Como fenómeno jurídico, social y desde luego, político, España ha dado un ejemplo meritorio, sobre todo en los últimos siete años, de cómo no hacer las cosas. Nos hemos convertido en referencia global del mal funcionamiento en aspectos tan delicados, que marcan la frontera entre lo que un país es y lo que aparenta ser, como la educación, la sanidad, la política, el derecho, y, en definitiva, todo lo que hace a una sociedad, ser una sociedad.

Familias destrozadas, injusticias, mala fe por parte del poder público y otras muchas cuestiones, son los responsables de la motivación y el empuje que me hicieron falta para comenzar a escribir este libro, cuando un día uno se da cuenta, de que su principal problema es que "la solución", como concepto en sí referido a la sociedad (el que sea) , ya no existe. Existen, y cada vez más, problemas; Y sobretodo existen problemas para aquellos que más los sufren. Un país en el que el mercado laboral atiende a una demanda masiva y una oferta carente, en el que la educación, pilar fundamental y básico para el crecimiento futuro, se condena a la primera oportunidad, en el que las personas han perdido hace tiempo ya la fe en el poder público, y en el que el sistema jurídico está construido para dejar terreno a los representantes que no buscan soluciones, es un país condenado al más absoluto y radical de los fracasos.

Esto no es más que un intento por hacer entender a las personas en qué clase de país vivimos, cual es su casta política, hacia qué intereses apuntan sus actos, y cuáles pueden ser, según el punto de vista de este humilde escritor, las soluciones y doctrinas a seguir para tratar de avanzar en el buen sentido, analizando desde el punto de vista jurídico, económico social , político, y por supuesto, personal, cada uno de los iters necesarios para comprender la complejidad de la problemática actual. Es pues, tarea del lector elegir qué argumentos le llaman más la atención, que claves son para él las más importantes y qué importancia darle al punto de vista del autor, yo.

Son los problemas que se tratarán en este libro los que afectan de verdad a la sociedad española actual. Eso de lo que hablan tanto los profesores de universidad con otros profesores o alumnos en las cafeterías de las facultades, o lo que ocupa en conversación a dos obreros preocupados por el sustento de su familia antes de fichar para comenzar su jornada laboral. Son, en definitiva, todas nuestras preocupaciones.

Es por ello por lo que, desde aquí, el autor pide al lector que divulgue este texto a cuantas más personas posibles, o en su defecto, la información que en ella hay, para construir entre todos una consciencia social más férrea, y poder, entre todos, cambiar las cosas de alguna manera.

Paris Nuez Marrero. *Ferrara, Italia, 2014*

ÍNDICE

CAPÍTULO I: EL PROBLEMA CONSTITUCIONAL

1.1 El hermetismo constitucional y su relativa aplicación práctica..pág.14
1.2 El incumplimiento reiterado de los estándares constitucionales 20
1.3 La contaminación del Tribunal Constitucional y de otras figuras conexas 28

CAPÍTULO II: ¿UN SISTEMA DEMOCRÁTICO?

2.1 Reiteración en el incumplimiento de los programas electorales...36
2.2 Soluciones teóricas y prácticas 43
2.3 Legislación penal orientada al control de los poderes del estado..55

CAPÍTULO III : EL GRAN CÍRCULO VICIOSO

3.1 Noción general 58
3.2 Ley electoral..59
3.2.1 La superficialidad del voto............................59
3.2.2 El criterio de proporcionalidad: Las circunscripciones electorales.......................................61
3.2.3 La ley D´Hondt.................................64
3.3 Un defectuoso sistema de representación..........70
3.3.1 La disciplina de voto................................70
3.3.2 El sistema de listas cerradas........................75
3.4 La ley de financiación de partidos y el Tribunal de Cuentas..80
3.4.1 La ley de financiación de partidos...............80

3.4.2 El Tribunal de Cuentas..................................91
3.5 El pensamiento social de Izquierdas y Derechas..94

CAPÍTULO IV: LA ESTRUCTURA POLÍTICA

4.1 Noción..98
4.2 El sistema bicameral.......................99
4.3 Cantidad y calidad de los cargos políticos españoles..104
    4.3.1 La política como negocio y los cargos políticos tras el mandato...............................104
    4.3.2 La preparación de la clase política...112
    4.3.3 La honestidad como principio fundamental......................................121
    4.3.4 Cantidad de cargos políticos y enchufismo..123
4.4 El sistema de Comunidades Autónomas frente al federalismo....................................130

CAPÍTULO V: RASGOS SOCIALES

5.1 Noción......................................136
5.2 La educación académica....................137
5.3 L educación personal......................143
    5.3.1 Legislación orientada al menor como medio de educación......................................144
    5.3.2 La denominada "cultura mediterránea"..................................148
    5.3.3 La meritorcracia como método jerárquico en el poder...152
5.4 Los medios de comunicación 153
    5.4.1 Los medios de comunicación como herramienta

del poder político y de las entidades privadas..154
5.4.2   Los medios de comunicación como herramienta de la educación social 169

CAPÍTULO VI: EL PROBLEMA FINANCIERO ESPAÑOL

6.1 Introducción 170
6.2 El poder estatal como instrumento organizador del sistema económico y financiero 171
6.3 La banca en el desorden del sistema financiero 180
6.4 El efecto de los mercados en la actual economía capitalista 186
6.5 El efecto nocivo de los paraísos fiscales..192

CIERRE DEL LIBRO

1- Conclusiones..198
2- Biografía del Autor...206
3- Agradecimientos...207
4-Contacto...208

"La dictadura se presenta acorazada porque ha de vencer. La democracia se presenta desnuda porque ha de convencer"

Antonio Gala, Escritor.

CAPITULO I: EL PROBLEMA CONSTITUCIONAL

1.1 El Hermetismo Constitucional y su relativa aplicación práctica.

En todo sistema jurídico existe una referencia suprema y superior en la que se basa todo el marco legal que rige en la estructura social, política, económica, y sobretodo jurídica de un país. En nuestro caso, esa referencia se materializa en una Carta Magna que establece los estándares sociales en nuestro país desde 1978. Así pues, si esta referencia legal establece que los principios rectores del ordenamiento son los que en ella rezan, es de entender que toda legislación ha de respetar estos principios rectores. Hasta aquí, todo pinta perfecto y responde a una lógica elemental de jerarquía normativa. Ahora bien, si echamos un vistazo a los artículos 167 y 168 de la CE, evidenciamos una rigidez inflexible a la hora de modificar el texto. En el art. 167 se cita : " Los proyectos de reforma constitucional deberán ser aprobados por una mayoría de 3/5 de cada una de las Cámaras ...". El artículo está previsto para modificaciones que no afecten a la totalidad de la Constitución o a una parcial que afecte al Título Preliminar, al Capítulo

Segundo, Sección 1 del Título I, o al Título II de la carta magna, donde se aplicará el artículo 168 CE en el que se establece que la mayoría ha de ser de 2/3 de ambas cámaras y debe ser sometida a referéndum para su ratificación, una modalidad de modificación más inflexible si cabe, al tratarse de pilares fundamentales del ordenamiento jurídico.

Teniendo en cuenta la dificultad que entraña hoy en día que un partido político de gran recepción de votos tenga la más ligera voluntad de cambiar el texto constitucional, (pues no contradice a ninguna de las leyes que benefician a los intereses de sus partidos ni a su partitocracia y que en epígrafes venideros explicaré), parece absurda la idea de plantear que ambos partidos, puedan llegar a un consenso para modificarla. Por lo tanto, enfoquemos este epígrafe desde la siguiente pregunta : ¿Es sano para la democracia tener un sistema de modificación constitucional tan extremadamente rígido en un país donde el poder para su modificación está tan centralizado?. Desde luego no debe serlo cuando, como iré exponiendo a lo largo del ensayo, la principal causa de los problemas en España viene dada por su estructura. Su sistema. Y desde luego, lo que aparentemente es un acto de prudencia estatal, puesto que la Carta Magna representa unos valores que no pueden mutar, realmente es un ataque a la más elemental de las lógicas de un sistema legislativo, y es que la realidad muta y es dinámica, con lo que el cambio no es necesariamente un error, ni mucho menos, hasta el punto de que Austria ha reformado su constitución 60 veces y Alemania 80, frente a las dos únicas veces que lo ha hecho España.

Este planteamiento se ha de solucionar desde un punto de vista teórico y otro práctico.

La teoría se ha de formular necesariamente en el momento

de la redacción del texto constitucional mismo, pues no es necesario atender a la posterior puesta en práctica para entender que la rigidez del sistema de cambios en la constitución, hace al estado esclavo del texto constitucional, y si bien es cierto que no es imposible cambiarla , pues está sometido a unas ciertas mayorías, no es menos cierto que en el plano político bipartidista en el que vivimos, hace muy complicada la tarea de consensuar un cambio en un texto que, como he dicho, no contradice al interés que tienen ciertos partidos políticos para beneficiarse en no pocas ocasiones. Al fin y al cabo, las sociedades no son ideológicamente sedentarias, y están sometidas al devenir intelectual que modifica continuamente los estándares de las mismas.

Por lo tanto, y entendiendo que la ley, socialmente conceptuada, es un fenómeno de regulación creada por el estado para defender los intereses de los ciudadanos, es extraño concebir que se haya redactado un texto constitucional con unos criterios de modificación tan herméticos, que hacen de la constitución española, un ente que puede llegar a impedir desde el punto de vista práctico y jurídico, los objetivos que desea alcanzar la sociedad, que residen principalmente en el desarrollo de las ideas y de la propia sociedad;

Desde el punto de vista práctico, la pregunta que he formulado, se ha materializado incontables veces por masas sociales, que encuentran una negativa a sus propuestas de cambio legislativo o social, simplemente porque la constitución no lo permite, sin entrar al debate sobre el beneficio o no de la iniciativa para el estado español. Es decir, cualquier iniciativa que atente contra la constitución, será echada por tierra por muchos beneficios que pueda traer al país si es contraria a la Carta Magna . En los últimos años hemos vivido sonadas iniciativas por parte de ciudadanos o de los propios gobiernos de las Comunidades Autónomas que, sin poder entrar a debatir sobre el beneficio o no de la propuesta, se han encontrado con una rígida pared de piedra que es la Constitución española , no permitiendo el diálogo en ningún sentido que no fuera más allá del NO. Me refiero, entre otras a cuestiones tan delicadas como son la petición por parte del Gobierno de Artur Mas de realizar una consulta popular en la que se defienda la separación o no del territorio nacional, la idea de implantar un estado federal, o la cada vez más extendida idea en España de que la monarquía es una institución anacrónica que ha de ser erradicada, en el sentido menos violento de la palabra.

Tanto en un caso como en el otro, existe una idea que emana del pueblo, ya sea en mayor o menor cantidad de personas, y que encuentran una negativa rotunda al ir contra la constitución, y lógicamente no me quejo de que así sea, pues las Constituciones son el mayor garante de nuestros derechos y libertades, sin embargo, la inflexibilidad de la misma impide que demandas populares tan evidentes como son estas, no lleguen a ser tan siquiera debatidas, cuando, para muchos, son soluciones.

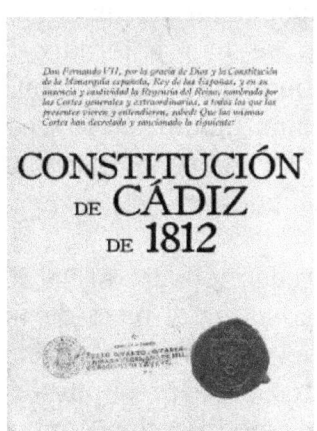

*Ejemplar de la constitución de 1812 promulgada en Cádiz por las Cortes Generales el 19 de Marzo de 1812. Han pasado 202 Años desde su promulgación.

Recapitulando, La ley obedece a la soberanía y no la soberanía a la ley, porque de plantearse de esta forma, la ley se puede convertir en un obstáculo más que en una solución. Desde el punto de vista práctico es, a día de hoy, muy improbable que se propongan y aprueben modificaciones constitucionales tan sensibles como las mencionadas, con lo cual, podemos afirmar que somos esclavos del texto constitucional, pues, ni con la voluntad inequívoca de todos los españoles de vivir en una república parlamentaria, sería posible ello por ser anticonstitucional. Comprensible y lógico en cuanto a que va en dirección opuesta a la constitución, pero sin embargo, con una difícil aplicación práctica de la solución al problema, pues la modificación del texto es rígida en exceso.

Sin embargo, y a colación de la relatividad que menciono en el enunciado del epígrafe, no es contradictorio con todo lo dicho hasta ahora el decir que, pese a ello, cuando conviene al poder público (Entendiendo al poder público no como el gobierno, sino como una serie de personas que tienen potestad y legitimidad para cambiar las cosas a su antojo), la constitución se puede modificar tan rápida y silenciosamente, que muchos no se han enterado; En agosto de 2011, el entonces Presidente de la Nación, José Luis Rodríguez Zapatero, propone modificar la constitución en un claro perjuicio para los ciudadanos para introducir el principio de "estabilidad presupuestaria".

La anterior redacción del art. 135.2 CE, establecía: "Los créditos para satisfacer el pago de intereses y Capital de la Deuda Pública del estado se entenderán siempre incluidos en el estado de gastos de los presupuestos y no podrán ser objeto de enmienda o modificación, mientras se ajusten a las condiciones de la ley de emisión". Ahora el texto constitucional establece en el art. 135.3 que " Los créditos para satisfacer el pago de intereses y Capital de la Deuda Pública del estado se entenderán siempre incluidos en el estado de gastos de los presupuestos y su pago gozará de prioridad absoluta". Este es un cambio destinado, lógicamente a cumplir las directrices de la Troika en un marco económico y de mercado en el que la estabilidad brillaba por su ausencia, convirtiendo una deuda de índole privada que había contraído el estado en estrecha colaboración con el poder financiero (sobre todo con las cajas de ahorro) en una deuda soberana que por definición pagaríamos nosotros de forma mucho más directa si cabe, al convertir su pago en un objetivo de primera orden. Pero, ¿En qué nos afectaba a nosotros como ciudadanos esta reforma? . Dar prioridad absoluta al pago de la deuda, implica que el principal objetivo del estado español fue, desde ese momento, atender a las necesidades de la Troika por encima incluso de las necesidades del pueblo español. Esto redundaría posteriormente en políticas de austeridad agresivas sobre sectores tan delicados como la educación, sanidad, justicia, o sobre el consumo, con subidas de impuestos de todos los tipos, reducción en inversiones en I+D+I, abaratamiento del despido, etc.

Y la cuestión es, sin embargo mucho más grave, puesto que España viola así algunos tratados internacionales a los que está suscrita. Entre otros viola el art. 1 de los Pactos Internacionales de 1966 sobre los Derechos Humanos, que establece que "Todos los pueblos tienen el derecho de disponer de sí mismos. En virtud de este derecho, determinan libremente su estatuto político y aseguran libremente su desarrollo económico, social y cultural. Para alcanzar sus fines, todos los pueblos pueden disponer libremente de sus riquezas y de sus recursos naturales, sin perjuicio de las obligaciones que derivan de la cooperación económica internacional, fundada en el principio del interés mutuo, y del derecho internacional. En ningún caso, un pueblo podrá ser privado de sus propios medios de subsistencia.". Pacto no respetado por ser esta una modificación que no atendía a la libertad económica del pueblo , y desde luego violado por dar mayor importancia al pago de la deuda que a las necesidades elementales de los ciudadanos, que en pleno año 2011 escaseaban a todas luces, alcanzando unos niveles de pobreza insostenibles para un país del entorno Europeo. Además de la lectura de este artículo se desprende y se ha aceptado en jurisprudencia Europea la posibilidad de la moratoria de la deuda pública, la congelación de intereses, la no aplicación de políticas agresivas de austeridad, y en casos extremos, la nulidad de la deuda. Además y para más inri, tras esta modificación, la prima de riesgo alcanzó su máximo histórico en España con 649 puntos (recordemos que a partir de 300 se considera que hay riesgo para la estabilidad económica del país), con lo que la medida además de tirana, alevosa y traicionera, ha sido, a todas luces, infructuosa.

Para concluír, diré que, personalmente, si bien es cierto que el problema del hermetismo constitucional es un problema a la hora de reformar la constitución, también es cierto que como explicaré a lo largo del ensayo, yo tengo la idea de que más que reformarla hace falta abolirla y redactar una nueva comenzando a estructurar el país, sobre todo desde el punto de vista político, de cero, y sometiéndola a referéndum vinculante.

1.2 El incumplimiento de los estándares constitucionales.

Como decimos, el principal objetivo de la constitución es asegurar que la dinámica de la sociedad española, se rija según los estándares en ella dispuestos. Desde el punto de vista de la legislación de nuestro país, es referente e inspiración directa para el espíritu de las leyes que se redacten en nuestro país, con lo que , en teoría, este texto normativo de 169 artículos, es rector y referente de todo cuanto acontezca en España de índole legal o jurídico. Pero desgraciadamente, hablamos en términos teóricos y no rotundamente prácticos, en cierta medida por la propia dinámica del sistema, cuya perfección estructural está pensada para dotar al marco legal y político de una relatividad tan asombrosa que, en ocasiones, lo blanco se vuelve negro y lo negro se vuelve blanco.

Esta dinámica del sistema de la que hablo, afecta a todo el sistema, por supuesto, haciéndolo hermético e inquebrantable; pero de lo que ahora hablo es del problema que conlleva para una democracia tener un texto supremo con unos valores jurídicos que a simple vista, y en virtud de una lectura del articulado, son adecuados a una sociedad de libertad y democracia, pero que sin embargo, y en virtud a una interpretación divergente realizada por Magistrados elegidos por el poder público en favor a sus intereses, se hacen interpretaciones de una extraña aplicación práctica en numerosos casos. Sin embargo este es un problema que redunda en el aspecto formal, del que hablaré en el siguiente apartado. Lo que ahora nos ocupa es un problema de fondo. El incumplimiento de la literalidad constitucional propiamente dicha.

Me gustaría centrar este epígrafe en el estudio de algunos preceptos constitucionales que protegen derechos de vital importancia y que, sin embargo, considero se incumplen de forma reiterada, no solo en virtud de un caso concreto debido a una sentencia del alto tribunal, sino de forma sistemática, como si de veras se estuviera actuando en favor de la propia legalidad constitucional, cuando, a todas luces, no es así.

Entre otros, considero destacable la violación sistemática que se hace del art. 47 de la constitución, más aún en los tiempos que corren, donde no es complicado escuchar nuevos casos de desahucios de personas que se quedan en la calle sin lugar donde dormir en un panorama de compraventa de viviendas casi nulo, donde las viviendas vacías son norma en cada provincia y cada municipio del estado español, debido a una política económica devastadora de la que sin embargo no toca hablar ahora. El art. 47 de la CE, establece que "todos los españoles tienen derecho a disfrutar de una vivienda digna y adecuada. Los poderes públicos promoverán las condiciones necesarias y establecerán las normas pertinentes para hacer efectivo este derecho, regulando la utilización del suelo de acuerdo con el interés general para impedir la especulación".

Es un derecho que, además viene recogido también en el artículo 25 de la Declaración Universal de los Derechos Humanos, donde se establece que la vivienda, junto a otros derechos tan importantes como la salud, el bienestar, la asistencia médica o los servicios sociales, conforman una esfera de dignidad para el hombre propia de una sociedad avanzada y civilizada.

En el año 2008 estalla una burbuja económica que había sumido al panorama internacional en un dulce y apacible sueño en el que se desregulaba el mercado hipotecario y una política agresiva de especulación es posible, gracias en parte a los bajos tipos de interés que había generado el cambio de moneda a principios de la primera década del nuevo siglo y milenio. Todo ello comienza a traducirse en unas consecuencias terribles para el mercado inmobiliario, la banca, los estados y, por supuesto, los ciudadanos, que hasta el momento únicamente habían seguido las directrices y normas de un juego dirigido por bancos. La consecuencia directa más trágica para aquellas personas que no pueden pagar sus hipotecas es el desahucio, es decir, la privación del derecho a disfrutar de una vivienda digna a aquellas personas que no han cumplido con los pagos adeudados de la hipoteca en un sistema abusivo con intereses elevados y, que en ocasiones se llegaron a comprar bajo técnicas de venta fraudulentas como las famosas cláusulas suelo. Un abuso legal y democrático poco legítimo, desde el punto de vista constitucional.

Este proceso de ejecución hipotecaria es anticonstitucional, y recientemente el Tribunal de Justicia de la Unión Europea se mencionado contra el régimen español de ejecuciones y desahucios por ser incompatible con el Derecho de la Unión Europea de protección a los consumidores, al considerarse abusivo el sistema de contratos hipotecarios español. Teniendo en cuenta, pues que la vivienda es un derecho inalienable por suponer este el espacio mínimo de intimidad para el desarrollo de la personalidad de las personas, el desalojo de una persona de su vivienda cuando muchas veces se firmaron contratos abusivos, es inaceptable en un estado de derecho.

En mi opinión, un país que busque el crecimiento social a la par que económico y se encuentre en un panorama en el que existe una media de un desahucio cada quince minutos y un número obsceno de viviendas vacías o sin vender (3,1 millones de viviendas usadas vacías, 900.000 de viviendas sin vender y 300.000 viviendas turísticas vacías o sin vender), no puede desaprovechar la oportunidad de alojar a estas personas en estas casas a cambio de un alquiler social simbólico.

El problema, sin embargo, es la avaricia de la banca. Donde ellos han ofrecido créditos a los ciudadanos por valor de 500.000 Euros que no han sido pagados, buscan una rentabilidad igual o en su defecto no muy inferior a la que hubiesen obtenido desde un comienzo, cosa que, a día de hoy es totalmente imposible. Sin embargo, no es el interés de la banca el prioritario, ni mucho menos. Para ello debemos contar con un sistema legal que mire a los ciudadanos e imponga por ley un sistema de adjudicación de viviendas en régimen de arrendamiento basado en pagos de cantidades razonables y variables en función de la capacidad económica de los solicitantes. De esta forma se estaría avanzando económicamente en cuanto a que las viviendas darán una rentabilidad exponencialmente superior al rendimiento que dan hasta la fecha por estar en desuso, y socialmente en cuanto a que por fin el derecho a la vivienda no sería solamente papel mojado. Otra cosa es la lógica práctica que le quieran buscar desde las altas esferas a estas palabras, pues, como trataré de ilustrar a medida que avance el ensayo, el poder político encargado de solucionar estos problemas, es un poder hipócrita y poco altruista que busca el beneficio propio por encima de todo.

Especial interés debemos poner a las tres últimas palabras del artículo: " impedir la especulación". ¿De veras podemos estar contentos en España de haber cumplido con este artículo? No solamente hemos vulnerado sistemáticamente esta orden imperativa constitucional, sino que además hemos hecho de esta violación la principal causa del derrumbe económico, y fue precisamente el gobierno de Aznar en 1996 quien abrió la veda para la especulación con la ley de liberalización del suelo. Que la morosidad bancaria haya alcanzado unos números históricos del 13% se debe exclusivamente al mercado de especulación abusiva que se ha hecho de la vivienda en este país. Una lectura al trabajo sobre especulación y crecimiento económico desarrollado por el profesor José Fracisco Bellod Redondo, de la Universidad de

Cartagena, revela que entre 1999 y 2004 el precio del metro cuadrado ha aumentado en un 143% , aumentando la sensación (aunque solo la sensación) de riqueza en nuestro país a través del libertinaje de préstamos bancarios, para introducirnos en una sociedad de consumo abusivo durante los años venideros, que redundarían, como era de esperar, en un batacazo económico comparable solamente, a día de hoy, con el devastador crack del 29´ y las posguerras. Solo cabe resumir todo ello en una palabra : Obscenidad. Obscenidad que se podía haber evitado ateniéndose a la letra de nuestra Constitución, puesto que ha quedado demostrado con este primer ejemplo que una violación a nuestra carta magna puede traer consecuencias tan desastrosas como las vividas en España durante los últimos años.

Otra gran violación sistemática que se hace en la constitución y que como el problema de la vivienda afecta a un número cada vez más elevado de españoles, reside en el art. 35.1 de la CE, donde se establece el derecho al trabajo. Lógicamente, el hecho de trabajar excede de las fronteras del propio significado de "trabajar". A lo que me refiero es a que si la constitución garantiza el derecho al trabajo, es objetivo del poder público promover las políticas necesarias para garantizar este derecho. En España, los datos del paro son cada vez más preocupantes, superando la cifra de 6.200.000 parados en 2013 , lo que constituye aproximadamente un 27,7% de la población activa, constituyéndonos como el país Europeo con más tasa de paro, seguido muy de cerca por Grecia, con un paro del 27,4%. Los datos son devastadores, más aún si se comparan con otros países del entorno, como Alemania (5,2%), Reino Unido (7,4%), o Italia (12,5%).

Citado el problema, es objetivo del estado español, y más aún en virtud de un precepto constitucional que lo expresa claramente, reducir esa cifra, dándole prioridad absoluta, incluso por encima de la deuda pública, como es lógico. Así pues, y teniendo en cuenta que es objetivo del estado reducir la cifra, ¿Se ha trabajado en ese sentido? ¿Se ha tratado de reconducir la situación?. La respuesta es evidente, y responde a una sumisión por parte del gobierno, de las directrices Europeas. En ese sentido, España se encuentra en un serio compromiso, puesto que el dinero, objeto central sobre lo que se mueve el mundo, es el encargado de mover el tejido productivo del país. El problema es que ese dinero se está demandando desde Europa y desde los empresarios y emprendedores, que son (estos últimos), los que tienen en sus manos crear puestos de trabajo, sobre todo las PYMES y autónomos; Así pues, ¿Qué está haciendo el estado con el dinero?, ¿ Qué están haciendo las entidades bancarias con el dinero?,¿Están ofreciendo las facilidades oportunas para crear empleo?.

La respuesta, nuevamente deja en evidencia a un gobierno que deja en un segundo plano a las obligaciones contraídas con nuestra Carta Magna.

El coste que supone a una empresa en concepto de impuestos de seguridad social es aproximadamente de un 50%. Es decir, una empresa que pacte un sueldo de dos mil euros con un trabajador, lo cual supone unos veinticuatro mil euros al año, se verá obligada a pagar, en solidaridad con el empleado, unos once mil euros en concepto de seguridad social, lo cual impide o dificulta muchísimo, sobre todo desde el punto de vista de las PYMES, la contratación de nuevo personal. De igual forma, la obcecación recolectora del gobierno para saldar las deudas que han contraído otros, les lleva a aplicar políticas tan agresivas como una subida del IRPF a la par que en el IVA, lo cual reduce el poder adquisitivo de las personas, con lo cual se reduce el consumo y lleva, irremediablemente a no solo no generar empleo sino a destruirlo, puesto que sin consumo no hay actividad empresarial, y sin actividad empresarial, ¿para qué queremos empleados?. En resumen, un gobierno que busque garantizar el empleo, reduciría todos estos costes, facilitando el flujo del dinero y generando empleo para posteriormente, y tas saldar las obligaciones contraídas con los ciudadanos, dirigir los impuestos al pago de la deuda, una vez aumentado el número de contribuyentes, pues, a medida que sube el número de trabajadores, aumentan las posibilidades de pagar la deuda que ha contraído el país.

Además, desde el punto de vista de la creación de empleo, no ocurre solamente que el estado no ofrezca a los empresarios el crédito suficiente para crear proyectos empresariales y crear riqueza. Hay casos muchísimo más claros en los que el gobierno podría adoptar una actitud menos avara y favorecer el empleo. Entre ellos, y por ser un tema de reciente actualidad, citaré la lucha que tiene abierta el SAT (Sindicato Andaluz de Trabajadores), con los que no comparto las formas aunque si el fondo del asunto que tratan de poner sobre la mesa. Desde este sindicato se lucha para que se cree un banco de tierras estatales para ponerlo a disposición de los agricultores y crear empleo. Hablo de terrenos que son propiedad del estado, ya sea porque han sido tradicionalmente públicos o porque han sido expropiados a personas con deudas para saldar las mismas. Las primeras se mantienen ociosas eternamente, mientras que las segundas esperan ser compradas por terceros en subastas, que bien pueden darle un uso agrícola y crear empleo o bien pueden seguir manteniendo esas tierras ociosas. No se trataría ni siquiera de otorgar la propiedad a los jornaleros ni a las empresas que organicen el trabajo. El SAT habla de una cesión del uso y disfrute por el tiempo que las tierras se mantengan improductivas, lo cual, como en el caso de la vivienda, ofrecería un bien para el ciudadano, que en este caso sería acceder a un trabajo como jornalero, y se rentabilizaría un bien tan puro y necesario como es la tierra. El gobierno por su parte continúa en su obcecada costumbre de sacar dinero de todo. En este caso es de las tierras, aunque ello suponga el negar empleo (además, un empleo semi-precario) a personas que lo necesitan, como pasa con la vivienda, con las energías, con el mercado, etc.

No son ni mucho menos estos ejemplos los únicos que se pueden plasmar sobre el incumplimiento sistemático de las directrices constitucionales, pero son, desde luego, los más pragmáticos y de mayor interés para la sociedad actual. Una cuestión de importancia vital a la hora de comprender que, en ocasiones, el estado puede ser un circo en el que se pinta de rosa la teoría y de negra la realidad.

1.3 La contaminación del Tribunal Constitucional y de otras figuras conexas

No es de vanguardia admitir la teoría de la separación de poderes como una de las principales cuestiones a tener en cuenta a la hora de hablar de un estado de Derecho. Ya en el siglo XVII, Montesquieu reivindicaba que los estados debían separar sus poderes para descentralizarlo, de forma que el poder, en el sentido más político de la palabra, fuese un mecanismo organizado y no una potestad de Reyes o Señores Feudales para controlar a su antojo al pueblo.

En este sentido, la historia nos debería haber convencido de que la centralización del poder beneficia únicamente a algunos y perjudica a la gran mayoría, con lo que la separación de poderes, es ya hoy una realidad en todos los países avanzados. Sin embargo, esta realidad está muy matizada en numerosos aspectos, como ocurre sin lugar a discusión en el caso de España.

En concreto, quiero tratar el matiz de la separación de poderes en relación a la actividad Jurisdiccional, actividad que se encarga, ni más ni menos de dar punto y final a las controversias que hayan en relación a una norma. Normas dirigidas a orientar la conducta de las personas. Estos matices inciden, entre otros sobre Tribunal Constitucional español (TC), órgano encargado de dictaminar en qué forma se han de interpretar las normas Constitucionales y del que hablaré en este epígrafe. El TC tiene encomendada una tarea extremadamente sensible, en cuanto a que una constitución que garantice una serie de derechos es ineficaz si se hacen interpretaciones ineficaces de sus preceptos. Teniendo en cuenta esto, y sumándolo al hecho de que los partidos políticos buscan intereses tan concretos y privados como poco democráticos, no cabe menos que afirmar que la ecuación que se conforma al incidir el poder político en el poder judicial, es peligrosa para los intereses de un estado Democrático.

El tribunal Constitucional es un órgano compuesto de doce miembros, de los cuáles :

Cuatro son elegidos por El Senado
Cuatro son elegidos por El Congreso
Dos son elegidos por el Gobierno
Dos son elegidos por el Consejo General del Poder Judicial.

Esta forma de elección interfiere gravemente en el interés que tiene el estado de Derecho de separar los poderes. ¿Porqué? : Tanto el Senado, como el Congreso, así como el Propio gobierno, son órganos compuestos por políticos, e incluso los miembros del CGPJ, son Magistrados elegidos en doce miembros por el Congreso y el Senado. Personas al servicio de entidades privadas como son sus partidos y que buscan intereses propios, los cuales pasan por conseguir el voto del ciudadano. Para ello requieren del apoyo del Tribunal Constitucional para operar en los cambios legislativos necesarios para convencer al votante de que han de dirigir el voto en cierta dirección e incluso, hacerlo también cuando no existe mandato popular indirecto en virtud de un programa electoral, como viene pasando incontables veces en la historia democrática española. A esto, además, hay que sumarle el hecho innegable de que la Ley de financiación de partidos en estrecha relación con la Ley electoral hacen esta realidad, algo más injusta. Me refiero a que objetivamente hablando, no sería un problema la distribución del mandato de elección de Magistrados del TC si estas dos leyes se conjugaran buscando un interés democrático y políticamente plural, pero esto no es así por dos cuestiones básicas: La ley electoral fomenta el bipartidismo sustentado sus principios rectores en argumentos muy poco democráticos, y la ley de financiación de partidos beneficia, sobre todo a los dos partidos mayoritarios en España. Esto está pensado para que el pez se muerda la cola.

Así pues, ¿estamos realmente separando los poderes?. Rotundamente no, pues podemos afirmar que en materia nada más y nada menos que constitucional, el poder político genera la norma en el Congreso y el Senado y posteriormente la interpretan Magistrados que proponen las señorías de dichas cámaras. De esta forma, nos arriesgamos a que en un tribunal que protege nuestros derechos y garantías más sensibles esté compuesto por Magistrados de los que se valora no su conocimiento jurídico (conocimiento que no pongo en tela de juicio), sino su predisposición a dictar sentencias en uno u otro sentido, en virtud de los intereses partidarios. Tan obscena es esta circunstancia, que no es distorsionar la realidad hablar de Magistrados conservadores o liberales, según sean nombrados por unos u otros. Esta es, sin duda alguna, la antítesis de la meritocracia, (partiendo siempre de la base de que todos los Magistrados son juristas destacados, por supuesto) puesto que el principal factor a tener en cuenta por el partido político a la hora de colocar a un Magistrado en el puesto de Magistrado del TC no pasa por ser un profesional "Eficiente, Eficaz y Ecuánime" sino porque esta persona cumpla con el requisito de estar predispuesto a dictar sentencias en un determinado sentido. Esto agota de por sí la esencia de un tribunal que falla en virtud de las normas básicas de interpretación de la norma en mestizaje con otros elementos fácticos y jurídicos, con lo que, en consecuencia, se está quebrando no solo la separación de poderes, sino con ello, el sentido de la justicia democrática en sí misma.

En los últimos años ha habido algunas cuestiones sensibles en las que el Tribunal Constitucional desempeña un papel extremadamente importante, como son las referentes al matrimonio homosexual, ley del aborto, euro por receta , etc. Todas ellas cuestiones en las que los principales partidos políticos tienen intereses directos. Así pues, ¿No es de muy poco recibo que el tribunal que falla sobre una determinada materia esté compuesto por Magistrados elegidos por los propios interesados en el objeto del proceso?.

Esto es, desde el prisma de la lógica un insulto a la justicia propiamente dicha. Como he dicho, nadie duda de la capacidad de los Magistrados ni mucho menos, pero se está anulando la meritocracia de una forma muy violenta.

Así pues, en mi opinión, es necesario establecer un estatuto judicial que ofrezca una independencia incontestable a los Magistrados, y no solo para los Magistrados del Tribunal

Constitucional, sino para cualquier Magistrado de cualquier rango y disciplina, erradicando cualquier atisbo de interferencia entre su mandato y el poder público. Sin embargo, nuevamente cabe alabar la perfección del hermetismo del sistema, pues siendo el poder público el encargado de llevar a cabo esta propuesta que hago yo de forma personal, y siendo a su vez este poder público el único beneficiario del actual sistema de nombramientos, no cabe pensar en un cambio en este sentido.

No obstante, si habláramos de una reforma en este sentido yo establecería un examen de estado (en régimen de excedencia y conservando su antiguo puesto) al que podrían presentarse únicamente jueces y fiscales con más de 15 años de ejercicio profesional (se podría debatir la posibilidad de incluir también a secretarios judiciales, abogados, procuradores, notarios etcétera, pero principalmente, pienso en las figuras del juez y el fiscal). Por cuanto se refiere a la renovación, la haría por cuartas partes para aumentar tiempo de ejercicio de las funciones hasta los quince años, debido al esfuerzo que supondría hacer un segundo examen de estado tras haber superado ya el suyo los Magistrados, por ejemplo. De esta forma, serían Magistrados del Tribunal Constitucional aquellas personas que objetivamente cumplan de forma más eficiente y efectiva las labores de interpretación constitucional, avanzando en meritocracia e imparcialidad. Los Magistrados se habrán presentado voluntariamente y sin ningún tipo de recomendación ni presión política, con lo que las decisiones en el ejercicio de sus funciones, bien sea mediante sentencias o bien sea mediante valoración de las capacidades de los aspirantes a renovar los puestos vacantes del Tribunal Constitucional, estarán totalmente apartadas de las sospechas de parcialidad.

No puedo parar de admitir 3sin embargo, que este proceso puede resultar problemático por lo hercúleo del esfuerzo de hacer un segundo examen de estado a jueces que ya han demostrado sus aptitudes. Sin embargo, lo veo la forma más fiable de asegurar que un Magistrado del Tribunal Constitucional (y amplíese esto al Tribunal Supremo y a la Audiencia Nacional), ocupe ese cargo por una cuestión de profesionalidad y no de política. En cualquier caso, este esfuerzo realizado por los Magistrados para ocupar estos cargos, no veo porqué no, se podría ver recompensado con un salario alto, puesto que una justicia imparcial y sin contaminación, lo merece.

Otra solución al problema en este epígrafe planteado, puede ser la elaboración de un estatuto independiente para jueces y fiscales que establezca que los miembros del Consejo General del Poder Judicial son los que eligen directamente a los Magistrados, sin valoraciones del Congreso y sin recomendaciones del Gobierno. Sin embargo, para que ello sea posible, deberíamos antes modificar la Ley orgánica del Poder Judicial y la constitución española, que en su artículo 122 establece claramente que de los veinte miembros del consejo, seis los elige el Senado y seis el Congreso, con lo cual vuelve a haber contaminación política. Para reconducir la neutralidad del Consejo General del Poder Judicial, contemplo también la posibilidad de acceder mediante un examen de estado, asegurando, como en el caso de los aspirantes a Magistrados del Tribunal Constitucional, su antiguo puesto de trabajo, o que sean asociaciones independientes formadas por jueces y que no perciban capital alguno de las arcas públicas las que hiciesen sus propuestas. El objetivo, en cualquier caso, es garantizar la transparencia.

De la misma forma, aprovechando el epígrafe de la

contaminación política en el Tribunal Constitucional, habría que extender la cuestión a otras instituciones judiciales como es la Fiscalía General del estado. Una institución como es la Fiscalía, que defiende algo tan extremadamente importante en un sistema de derecho como es la legalidad en los procesos judiciales, no debería tener ningún tipo de conexión con el gobierno para construir una verdadera separación de poderes. Sin embargo, el Fiscal General del estado, es nombrado por el Rey a propuesta del gobierno , oído el Consejo General del Poder Judicial y previa valoración de idoneidad del Congreso de los Diputados, que son dos órganos compuestos por políticos, con intereses privados. Si a ello le sumamos que el Ministerio Fiscal es una institución jerárquicamente dependiente, no cabe más que afirmar que toda la Fiscalía depende del Fiscal General del estado y este a su vez es elegido por políticos. Terrible. Fruto de ello, las escandalosas declaraciones del Fiscal General del estado en relación a la estafa de las participaciones preferentes, en las que dijo que solamente se entenderían como estafa cuando se hicieran firmar contratos para este producto a personas muy ancianas o analfabetas, cuando el contrato podía, muy fácilmente resultar engañoso para cualquier persona que no cumpliera esos requisitos. Otro ejemplo ilustrativo es la actuación de la Fiscalía en el caso Urdangarín, en el que prácticamente ejercieron como defensores de la infanta, hasta el punto de llegar a "desimputarla" junto a la Audiencia de Palma incluso antes de finalizar la instrucción, creando un nuevo concepto jurídico sin precedentes. Al imputado se le absuelve en sentencia absolutoria o sobreseimiento libre parcial. Una vez imputado debe finalizar el procedimiento judicial. La desimputación no existe en la ley de enjuiciamiento criminal.

No son estas pataletas de este humilde autor. El Consejo de Europa, que vela por los derechos fundamentales se ha mencionado al respecto y ha afirmado que, efectivamente, la Fiscalía no es independiente y el Consejo General del Poder Judicial sufre injerencias políticas, y continúan zanjando que la estructura de estas instituciones restan credibilidad a la transparencia española. En mi opinión, para zanjar el problema de la Fiscalía, habrían dos opciones: O someter el cargo a votación popular como en los modelos anglosajones, o formular su nombramiento desde dentro de un Consejo General del Poder Judicial neutro y no la broma de mal gusto que existe ahora. En cualquiera de los dos casos, España saldría ganando.

CAPÍTULO II: ¿UN SISTEMA DEMOCRÁTICO?

2.1 Reiteración en el incumplimiento de los programas electorales.

España es un país que presume de estar civilmente desarrollado desde el punto de vista de los valores que implican la viabilidad social de un pueblo, como son entre otros los valores democráticos del mismo. Sin embargo considero necesario que nos preguntemos detenidamente si esto es realmente cierto. Esta es la pregunta a la que intentaré dar respuesta durante la exposición de las próximas páginas. La democracia se define como aquella condición social que atribuye el poder al pueblo. Este fenómeno que se empezó a acuñar en Atenas en el siglo V, ha desarrollado las más diversas modalidades y se ha adaptado de varias formas según la evolución de los estados. En España el valor de democracia se consagra como fundamental, al constituir uno de los pilares básicos establecidos en el artículo 1 de la constitución. "España se constituye en un estado social y democrático de derecho...", reza este artículo que no para de ser una mera exposición de motivos más que un estándar por el que se trabaje para hacerse cumplir.

En todo el mundo, pero más aún en España por lo tarde que se empezó a desarrollar una forma de vida social y política más allá de la dictadura, se ha confundido el hecho de ir a votar a las urnas con el hecho de ser un país que permite al pueblo decidir sus líneas de actuación en los ámbitos sociales, y esto es debido, sin lugar a dudas, a un mestizaje de incultura y manipulación a nivel nacional.

Empecemos por aclarar que el problema de nuestra democracia se puede analizar desde múltiples puntos de vista, más aún cuando la propia ley electoral y su sistema de cómputo de votos es deficientemente democrático. Pero lo que nos ocupa ahora es que además de que los dos partidos mayoritarios llegan al poder amparados por esta ley, una vez ocupados los cargos institucionales ni siquiera son capaces de responder con competencia a las promesas establecidas en sus programas electorales. En mi opinión este es un problema muchísimo más grave de lo que se piensa, debido al siguiente planteamiento: El programa electoral de un partido político cumple una función bastante clara, entendible y lógica, como es la de informar a los votantes de cuáles serán las líneas de actuación del partido en cuestión. Es decir, es una carta de presentación o una declaración de intenciones del partido. El votante, que tiene unos principios, unos valores, y , por supuesto unos intereses propios legítimos, ve en el programa del partido político una serie de iniciativas que considera le representan más que otras, y por lo tanto, forja en su fuero interno una intención de voto dirigida y guiada por ese programa, y llegado el día de las elecciones, pasa a votar al partido que más le ha convencido. Hasta aquí, todo responde a un criterio de democracia bastante lógico; es decir, el votante, motivado por un programa electoral que le convence, pasa a votar al partido político, pero, ¿Cuál es el siguiente paso para que la esencia de la democracia adquiera algo de sentido en este proceso?. Lógicamente, que después de haberse votado, se cumplan las premisas que se habían acordado en él. Sin embargo, no es esta la lógica que se sigue en España, y desde luego, es mucho más grave de lo que se pueda imaginar, puesto que se destruye así la esencia de la democracia, al haber engañado al votante con programas electorales llamativos y generosos que posteriormente no se cumplen, bien sea porque esas promesas a priori eran imposibles, bien porque aún siendo posibles, la incompetencia de los gobiernos no les permite avanzar en ese camino.

Y la dinámica en los últimos años ha sido siempre la misma: Un partido político promete, llega al poder y una vez allí alega que las promesas incumplidas son a causa de la profunda incompetencia del gobierno anterior que había dejado un agujero más grande del que se pensaba. Sin embargo este argumento no es válido para ninguna sociedad, más aún cuando nuestro estado es básicamente bipartidista, con lo que cuando un partido no gobierna, está en la oposición, con la posibilidad de acceder a todos los datos necesarios (y que de hecho acceden para criticar en sus años de opositores la mala gestión del gobierno) , para prever cuál será la situación económica y social de un país año tras año mejor que nadie.

Para dar una visión más espacial de lo sucedido en España respecto a esta cuestión en los últimos años de gobierno, me gustaría destacar algunos de los incumplimientos electorales, ya sean sociales o económicos, más obscenos, en función a la capacidad que tenía la promesa de seducir al votante y en relación con la posterior puesta en práctica de las mismas.

En el año 2011, momento en el que el desprestigio del gobierno socialista había tocado unos límites de impopularidad asombrosos por no poder solucionar el problema económico de España y llevar a cabo políticas que no estaban previstas en el programa, el actual Presidente del gobierno, Mariano Rajoy decía :"lo que no lleve en mi programa, no lo haré". Eso lo dice un presidente en un aparente lapso de lógica democrática que incide en la lógica que adquiere el hecho de hacer lo que promete y no hacer lo que no prevé , porque es precisamente ese programa electoral el que finalmente captará los votos de los ciudadanos. Sin embargo, Haciendo un repaso por las más de 200 páginas de programa electoral que había presentado el Partido Popular, encontramos más de una promesa que finalmente parece haber caído en un saco roto.

Una de las políticas más criticadas por el Partido Popular mediante el gobierno socialista fue la del saneamiento de los bancos inyectándoles dinero para cubrir sus deudas y que no se colapsara así el sistema económico español. Es por ello por lo que Mariano Rajoy decía en campaña que él no daría dinero público a los bancos. Una promesa bastante atractiva teniendo en cuenta que las subidas de impuestos y los recortes en los más variados sectores de la sociedad habían perjudicado en mucho a las economías españolas, y que podía haberse cumplido si a cambio de no llevar a cabo estas políticas, hubiese fomentado la economía de otra forma como reduciendo los costes para la contratación de las personas en concepto de seguridad social, reduciendo los impuestos para aumentar el consumo, o inyectando el dinero directamente a las PYMES para que fuera la producción de estas y no el dinero de las personas el que sustentara la economía. Sin embargo, y para disgusto de la democracia, el gobierno de la nación optó por rescatar a las cajas de ahorro que habían sido gestionadas de forma chapucera ,en muchos casos, por antiguos cargos políticos, ingresándoles hasta 61.000 millones de Euros.

Bankia, dirigida hasta entonces por Rodrigo Rato, que había ocupado cargos de Vicepresidente primero , Vicepresidente segundo , Ministro de Economía y Diputado en las cortes por el Partido Popular, fue la entidad financiera mayor beneficiada por el rescate económico, al serles ingresados 22.434 millones de Euros. Otras cajas gestionadas por antiguos cargos políticos como Caixa Catalunya, presidida desde 2005 por Narcis Serra, Vicepresidente del Gobierno, Ministro de Defensa durante el mandato socialista y Diputado en las Cortes por Barcelona por el Psoe, fue también intervenida por el Fondo de Reestructuración Ordenada Bancaria en el año 2011 por un total de 1.719 millones de Euros. Por su parte, el Banco de Valencia , presidido en ese momento por José Luis Oliva, que ocupó los cargos de Vicepresidente, Presidente y Consejero de Economía y Hacienda en la Generalidad Valenciana y el Cargo de Diputado en las Cortes por Valencia con el Partido Popular, fue intervenido con 1719 millones de Euros. En total ocho entidades gestionadas por personas claramente incompetentes para esos cargos, fueron intervenidas por el gobierno, habiendo el FROB dados por perdidos aproximadamente 36.000 millones de Euros del total invertido, consiguiendo además el único objetivo de colapsar más, si cabía , la economía española.

Otra gran preocupación para los votantes, era la referente a la legislación laboral que se adoptaría para fomentar la economía española. Era además una materia sensible que había provocado el disgusto generalizado del país en el año 2010, durante la segunda legislatura socialista de José Luis Rodríguez Zapatero, llegando incluso a hacerse una huelga general el día 29 de septiembre, un evento del que muchos tendrán memoria. En este sentido el Partido Popular estableció que promoverían mecanismos efectivos en la flexibilidad interna en las condiciones de trabajo de las empresas que promoviesen el mantenimiento del empleo. Nada decía el programa de realizar una reforma laboral, aunque era más que previsible leyendo esto. Sin embargo, lo que no era deducible desde ningún punto de vista era la agresividad de la reforma, sobre todo si tenemos en cuenta, entre otras cosas, que Mariano Rajoy prometió en campaña no reducir las prestaciones por desempleo. La línea a trazar por el gobierno fue bien distinta, pues finalmente sí que redujo la indemnización por despido improcedente en el art. 56 del Estatuto de los Trabajadores (ET), de 45 días por año de servicio con un máximo de 42 mensualidades, a 33 días por año de servicio con un máximo de 24 mensualidades. Además, y para ahorrar aún más en indemnizaciones, se ampliaron las causas del despido objetivo (aquél despido que no deja derecho a indemnización ninguna), modificando así el art. 52 del ET para endurecer la causa de despido objetivo por absentismo. De igual forma redujo las modalidades de contratos y acabó con la aplicación de la ultra-actividad de los convenios colectivos, que desampararían al trabajador destinándolos a someterse a la legislación laboral básica si, como dice el art. 14 ET, "Transcurrido un año desde la denuncia del convenio colectivo sin que se haya acordado un nuevo convenio o dictado un laudo arbitral, aquél perderá, salvo pacto en contrario, vigencia y se aplicará, si lo hubiere, el convenio colectivo de ámbito superior que fuera de aplicación". Por supuesto, estas medidas que han hecho retroceder a España en cuanto a derechos laborales se refiere, no consiguió fomentar el empleo, sino todo lo contrario, alcanzando tasas de paro superiores a los 6 millones de personas.

Otra de las conocidas promesas rotas del gobierno de Mariano Rajoy fue la más que reiterada intención de no subir los impuestos, bien traída a colación, puesto que ya los habían subido los socialistas en las anteriores legislaturas y era bien sabido por el Partido Popular el recelo que había causado en la sociedad, con lo cual una baza importante era la de insistir en no subir impuestos, de forma que los votantes, que habían sufrido las subidas de impuestos, se viesen representados por esa iniciativa y les dirigieran el voto. Finalmente y como era de esperar teniendo en cuenta la dinámica de la política, el Partido Popular subió los impuestos inmediatamente, principalmente el IVA(impuesto sobre el consumo), subiendo el tipo general del 18 % al 21% y el reducido del 8% al 10%, se introdujo un recargo temporal en el IRPF , en principio por dos años que finalmente se prorrogan hasta 2015 , y aumentaron otros impuestos como el IBI.

Agridulce fue también la inesperada amnistía fiscal que preparó el gobierno para todos aquellos que no tuviesen regularizada su situación patrimonial. Es decir, todos aquellos que hubiesen cometido delitos contra la hacienda pública podrían verse exonerados de sus responsabilidades penales y civiles si pagaban un 10% de la cantidad que querían regularizar. En teoría la razón de ser de la amnistía era contrarrestar, aunque solo fuera en un 10% el efecto que tiene la defraudación fiscal en nuestro país, teniendo en cuenta que el anarquismo legal de los paraísos fiscales hacen muy difícil o imposible la persecución de los delitos, por lo que de esta forma se alentaba al defraudador a legalizar el dinero si pagaba esa cuota. El resultado de esta política fue el afloramiento de 44.000 millones de euros y la recaudación de 1.100 millones, pero no cumplió las expectativas del gobierno, por lo que el ministro de Hacienda y Economía, Cristóbal Montoro preparó una segunda amnistía fiscal.

Estos incumplimientos de programas electorales, cuyos ejemplos he desprendido del actual gobierno del Partido

Popular por ser más recientes, y otros incumplimientos y omisiones , son los que transgreden el sentido de la democracia de una manera violenta, generando en los ciudadanos una sensación de impotencia, inseguridad y descontento muy difícilmente comparables a cualquier otro sentimiento contra el poder público. Así pues, ¿Cómo esperamos vender a alguien que España es un país democrático si damos nuestro voto a un partido en función de si sus iniciativas nos representan o no y una vez en el poder incumple las iniciativas, dejando sin operatividad práctica nuestra intención como sociedad? . Los ejemplos que he relatado son, y con más sentido en épocas de crisis económica, los que más interesan a los votantes, con lo que si se incumplen todas, la mayoría o incluso una sola promesa, la democracia pasa a ser una broma de mal gusto en el que el voto no pasa a ser más que una prueba de que el engaño ha surtido el efecto.

* Los mittin de los grandes partidos políticos llegan masivamente a las casas a través de medios de comunicación, y es otro formato en el que los representantes hacen sus promesas electorales. En la fotografía, D. José María Aznar, ex presidente del gobierno en un acto de su partido.

2.2 Soluciones teóricas y prácticas

Natural es en un estado de derecho que propugna como

valor fundamental la justicia, que si existe una injusticia, esta se sancione y se repare, como espíritu básico y elemental del sentido de la justicia. Por lo tanto, no sería extraño que alguna persona se preguntase por qué no demandar a los partidos políticos que incumplen los programas electorales. Al fin y al cabo están dañando gravemente la estructura y el funcionamiento democrático de la nación. Se está violando, nada más y nada menos que uno de los principios rectores sobre los cuales debería girar todo nuestro sistema. Sin embargo, la Audiencia Provincial de Madrid se ha mencionado al efecto en un auto desestimatorio contra una demanda interpuesta por tres particulares y una asociación de derechos de los animales contra el incumplimiento del programa electoral de 2008 del Partido Socialista, que prometió, sin cumplir, un endurecimiento de las penas por maltrato a los animales. Redactó la Audiencia en su auto que el incumplimiento se escapa al control jurisdiccional porque las promesas electorales no tienen eficacia contractual ni pre contractual, con lo que el incumplimiento de las mismas no genera responsabilidad alguna. Continua el tribunal argumentando que una incidencia jurisdiccional de este tipo sobre las labores de la política supondría politizar la justicia, argumento que falla en su contra al estar, desde un primer momento produciéndose injerencias en la justicia por parte del poder político como comenté en el capítulo uno. Concluye el tribunal diciendo que este tipo de procesos no darían cabida a la separación de los poderes del estado. No obstante, debemos parar a preguntarnos si preferimos una injerencia del poder político en las decisiones judiciales o un control judicial sobre las actuaciones políticas, en cuyo caso considero más acertada la segunda, y sin embargo la división de poderes es una broma de mal gusto precisamente por las injerencias políticas en los tribunales.

Así las cosas ¿qué podemos hacer? .La solución es aparentemente (aunque solo aparentemente) sencilla: Si el principal problema de los programas electorales es que no tiene eficacia contractual y es evidente que la totalidad de los ciudadanos demandamos un cumplimiento del programa electoral, y admitiendo que el sistema legal está al servicio del ciudadano, se deberá encontrar la forma de dar eficacia de contrato social en el término más jurídico de la palabra, al programa electoral, forzando así el compromiso real por parte de los partidos políticos de sus programas.

Para ello, se debe legislar en este sentido. Sería necesaria, pues, la buena fe de un partido que desarrolle un proyecto legislativo, bien sea por que ostente la mayoría absoluta, bien porque pacte con otros grupos de gobierno, para hacer cumplir los programas electorales establecidos por las partes, manteniendo así la esencia de la democracia. Lógicamente esto tendría algunos matices como el de una imposibilidad sobrevenida que lo impida. Pero esta imposibilidad ha de ser real. Con ello quiero decir que la escusa de la mala gestión del gobierno anterior no puede permitirse entrar por el filtro de lo entendible desde el punto de vista de la imposibilidad para prever los comportamientos de los ciclos económicos, como se ha hecho durante los últimos años en relación a la situación económica española, puesto que la crisis económica que asola España viene de lejos y está muy estudiada por muchísimas universidades no solo de España sino de todo el mundo. Por supuesto, la consecuencia directa que debería contemplar esta hipotética ley es la condición de ilegitimidad del gobierno para seguir ocupando los cargos, y debería acarrear consigo una necesaria reforma constitucional (ello obviando el hecho de que yo defiendo una nueva y completa redacción constitucional) para ello, por incidir sobre una forma anexa para disolver un gobierno. Pienso, además, que desde el punto de vista procesal, esta decisión la debería tomar el Tribunal Constitucional en un proceso de urgencia, dando prioridad absoluta a la gestión de esta situación y convocando nuevas elecciones.

Desde luego, esta reforma legislativa tan vanguardista que planteo, solo se podrá entender en el conjunto del ensayo que escribo, y me explico: En cierta medida, puedo llegar a comprender las chapuzas del gobierno y los ministros por ser estas figuras personas no sometidas a ningún control de calidad ni meritocrático. Como veremos en futuros capítulos, yo abogo por una política de calidad y formada, en la que una promesa de bajar los impuestos se efectúe únicamente con la seguridad científica de que esto es posible, con lo cual el procedimiento de declaración de ilegitimidad de un partido político no debería ser muy recurrente si todos los grupos políticos respetaran esta hipotética ética política que en el ensayo planteo. Además, desde el fondo del asunto, no lo veo una cuestión exagerada. Al fin y al cabo yo mismo he escuchado a políticos de la oposición pedir elecciones anticipadas precisamente por incumplir programas electorales, lo cual ya de por sí comparte algo de la lógica que en estas líneas planteo.

Este procedimiento, que previsiblemente será atacado más por motivos de forma que de fondo por los militantes y simpatizantes de los dos grandes partidos políticos, tendría tres efectos positivos inmediatos. En primer lugar cesaría la gran mentira electoral a la que se ha sometido a los españoles en los últimos años ; en segundo, se generaría un desprestigio inmediato de los partidos políticos dominantes, aumentando los valores del pluralismo político al generar ello un efecto dominó mediante el cuál un partido cae en el desprestigio más absoluto y otros nacen aportando nuevas propuestas ; Y en tercer lugar, los partidos políticos ganarían en parámetros de representación y credibilidad al comprometerse así a hacer programas electorales serios que representen la voluntad real de los votantes.

En mi opinión, se podría hacer un símil entre esta ley teórica y las leyes que regulan la competencia de los mercados. Ahora mismo existe un "oligopolio político" al existir un sistema que fomenta un bipartidismo muy obsceno basado en la mentira, el incumplimiento y la deshonra. Esta ley obligaría a los partidos políticos a ser más honrados e incorporar a sus programas electorales iniciativas que realmente sean posibles, de forma que serán las ideas las que triunfen finalmente, destinando a las promesas rotas al más miserable de los destinos. Así aumentaría la competencia entre los partidos políticos que abandonarían la senda del absurdo de mentir para seducir al votante como si de una operadora de cualquier compañía telefónica se tratase, para incorporarse a la más honesta de las sendas en cuanto a trabajo político se refiere, que es la de trabajar por representar la voluntad real de las personas, identificando así de una manera real, el voto con la democracia. Para ello, los programas electorales, que cumplen una función de publicidad de las futuras intenciones del partido político en cuestión, deberían abandonar la esencia del marketing para traer en él reformas concretas que abandonen cualquier resquicio de relatividad. Para ejemplificarlo, el programa del Partido Popular para las elecciones del año 2012, establecía, en relación a la interrupción voluntaria del embarazo, solamente que "la revisarían". Esto genera, sin pensarlo un segundo, una interpretación que puede ir en muchas direcciones, con lo que propongo se desarrollen de una forma más seria estos programas, explicando de una forma entendible para el ciudadano cuáles serán exactamente, las reformas en una u otra materia.

En cuanto a la constitucionalidad de una ley de estas características, poco habría que alegar, puesto que es prioridad absoluta de la Constitución española hacer de España un país que fomente los valores democráticos, y si a alguien beneficiaría a esta ley, sería a la propia democracia. Como ya he dicho sin embargo, es totalmente necesario, para respetar el régimen de jerarquía normativa lógico, proceder a una reforma constitucional, más en concreto de su Título IV, en el art.101 que trata el cese del gobierno, para incorporar el cese del gobierno por incumplimiento de programa electoral a instancia de un proceso de urgencia en el Tribunal Constitucional, todo ello respetando siempre el régimen de imposibilidad sobrevenida, que sería siempre evaluable y con un entendible margen de error.

Cuestión a aclarar es que entiendo, y debemos entender todos que en situaciones de crisis económica, aunque estas hayan sido provocadas por un capitalismo sin ningún tipo de límites por parte de los gobiernos, es necesario llevar a cabo políticas económicas, incluso a veces socioeconómicas, que disgusten a los ciudadanos por perjudicarles en cierta forma (lo cual no quiere decir que entienda en concreto las políticas aplicadas por los últimos gobiernos para paliar la crisis que no solamente han sido excesivos y han provocado mucho sufrimiento, sino que para mayor colmo han sido ineficientes).

Con esto, ¿Qué quiero decir? : Principalmente que no son las políticas de austeridad y recortes las que vulneran a la democracia, sino la cultura del marketing político que ha convertido su panorama en un circo de mentiras. Por lo tanto, si la situación económica es deficiente, no se puede prometer no subir los impuestos si la línea de actuación de un partido político va en sentido contrario. Habrá que dejar claras en los programas electorales, cuáles serán las líneas de actuación de los partidos políticos, bien recortando, bien sea subiendo impuestos, o bajándolos a las empresas o bien sea ofreciendo créditos a los emprendedores para fomentar el movimiento de la economía, pero lo que si debe quedar clara es la intención de un partido político. Tristemente, estamos tan sometidos como sociedad a que los partidos políticos engañen, que puede parecer surrealista plantear que un partido político establezca en su programa electoral que subirá los impuestos si considera que son esas las líneas de actuación a seguir para solucionar un problema económico, pero, si se mira con perspectiva, ¿Es realmente tan descabellado? ¿Es un acto de vanguardismo psicótico el reivindicar que un partido proponga algo y lo cumpla?. España es como una casa con problemas donde son los padres quienes toman las decisiones. Si en una familia la economía va mal, los padres advierten a sus hijos de que se les dará menos paga, o que ese año tendrán menos regalos por navidad. Es decir, ante un problema económico, se toma una solución y se cumple. La diferencia entre los padres y los partidos políticos es que los padres tienen el cargo asegurado y los partidos políticos tienen que llegar al cargo, y para ello, han de decirle a los niños, que somos los ciudadanos, que no se nos reducirá la paga y que tendremos los mismos regalos por navidad.

Por otra parte, si bien es cierto que la mayor parte de los incumplimientos electorales que se derivan de la gestión del gobierno atienden a motivos económicos, no es menos cierto que no son solo las políticas económicas y financieras las que dan vida al espíritu del programa electoral. De hecho son sobre todo las políticas sociales las que dan un tinte más o menos progresista a la dinámica ideológica en cuestión, con lo que gran parte del electorado atenderá más este tipo de políticas, lo cual se debe a que por lo general son cuestiones que despiertan más fácilmente el interés de los ciudadanos por lo comprensibles que resultan; es decir, no podemos esperar que la inmensa mayoría de las personas entienda las políticas económicas y las consecuencias que tendrán las mismas, pero si es entendible que los ciudadanos entiendan, e incluso forjen un parecer y debatan sobre ciertas políticas sociales como una reforma en educación, el matrimonio homosexual, la ley del aborto, etc.

Es precisamente por ello por lo que defiendo que teniendo en cuenta el gran aporte que suponen las tecnologías en nuestra vida, que hacen muchísimo más práctico el día a día, se han de aprovechar como instrumento facilitador de las vías de democratización.

Estoy hablando de vincular las decisiones que abarquen el espectro de las políticas sociales con el poder de tomar una decisión mediante los medios telemáticos oportunos al efecto. Una revolución democrática donde las haya, en la que el ciudadano ve representadas sus ideas en el parlamento mediante los diputados que resultasen de las votaciones generales para luego ratificar por él mismo, desde casa, las ideas mediante un sistema de votación popular dirigido exclusivamente a cuestiones menos técnicas. El principal motivo por el que excluyo de esta dinámica de votación a las políticas económicas es, por una parte, porque entiendo que estas decisiones que nos pueden afectar de forma grave y directa han de ser tomadas exclusivamente por personas que tengan conocimientos técnicos a la par que responsables del comportamiento económico, y por otra que someter a votación dos fases distintas del mismo proyecto económico puede redundar en una ineficacia de las políticas económicas por contradecir el resultado de la segunda a la primera (piénsese en el supuesto teórico en que el gobierno plantee una reducción del gasto público con una disminución proporcional según la Comunidad Autónoma en la que una votación a favor sobre la inversión en construcciones y reformas de las costas españolas tendría un efecto contradictorio con el objetivo, por ejemplo).

La constitución española establece en su art. 92 el referéndum consultivo (que no vincula a la decisión del gobierno) para cuestiones que tengan vital trascendencia en la vida de los españoles, y ofrece dos modalidades de referéndum para el proceso constituyente. Esto responde a una clara voluntad de consultar directamente a los ciudadanos sobre sus preferencias, lo cual tiene una razón de ser lógica, amparada en el derecho del ciudadano de intervenir directamente en las decisiones que se adopten en las políticas españolas. Por lo tanto, y teniendo en cuenta que la razón de ser del referéndum está ya socialmente aceptada al estar presente en la constitución, solo cabría debatir sobre la posibilidad de aumentar el espectro de actuación de los referéndum a todas las leyes que no contengan contenidos técnicos para ser sometidos a votación popular directa. Para ello es necesaria, sin embargo, una modificación de la constitución que obre en este sentido , así como una reforma de la ley 2/1980 de regulación de las distintas modalidades de referéndum, que establezcan los principios materiales y formales necesarios para llevarla a cabo.

El proceso comenzaría con el establecer de las políticas sociales que pueden, objetivamente, ser deliberadas y votadas por los ciudadanos, y serían aquellas de relevancia menos técnica y más orientadas a la organización de la vida civil. Una vez drenadas las políticas que cumplan con este requisito, los parlamentarios conforman desde cada uno de los grupos sus propuestas, sin posibilidad, como es lógico ya que votarán directamente los ciudadanos, de hacer pactos o cualquier otra estrategia que tenga por objetivo falsear la democracia. Una vez conformadas las políticas, se abre un plazo de por ejemplo no más de diez días ni menos de cinco para efectuar la votación a través de la página del Congreso de los diputados, en una sección totalmente visible al entrar en la web. Para informar a los ciudadanos de qué se tiene que someter a votación, se debe reservar un espacio obligatorio por ley, en los informativos de cadenas públicas a transmitir el mensaje de que se debe proceder a la votación. Por supuesto, la votación debe incluir los días sábado y domingo en su intervalo temporal para realizar las votaciones y nunca podría coincidir con fechas festivas en las que la información pueda no llegar con la misma intensidad. El acceso al espacio virtual se conseguiría mediante el número del documento nacional de identidad y una contraseña privada que se obtendría bien a través de internet, bien a través de las oficinas físicas de las que pueda disponer el gobierno para ello, así como en los ayuntamientos. Para asegurar que las votaciones no se falsean, se podría también instaurar un sistema en el que se requiera de la firma electrónica para ello, que ofrece una seguridad tal que se emplea hoy en día para operaciones tan delicadas como extracción de dinero de los bancos. El partido en cuestión elaboraría un resumen enumerado de los puntos legislativos esenciales que envolverían la propuesta en cuestión, siempre en un lenguaje claro y asumible por los ciudadanos, para que posteriormente sea sometido a referéndum por los mismos.

Piénsese por ejemplo en una ley controvertida como es la ley del aborto y que precisamente plantea, a día de hoy, modificar el ministro Gallardón. Es una ley cuya modificación desagrada a un amplio espectro de la población española. Tal y como están las cosas ahora mismo, hemos otorgado de un poder absoluto al Partido Popular para legislar a su antojo por poseer mayoría absoluta en el Congreso. Cuando un partido tiene mayoría en las urnas y a la vez hay un descontento tan grande respecto a una de sus políticas sociales, es porque la democracia está claramente falseada. Con este procedimiento que planteo, si habría marcha atrás, y todas las propuestas de índole social que trate de plantear el gobierno, serían sometidas al control de los ciudadanos. En este caso en concreto, el gobierno hubiese debido redactar una propuesta resumida en una serie de claves que tratarían aspectos como casos tasados para permitir el aborto, consentimiento o no de los padres de la menor, plazos, responsabilidad penal de la mujer, responsabilidad penal de los sanitarios, financiación pública del aborto, etc. De esta forma es el ciudadano el que elige en última instancia si la ley es de su agrado o no, debiéndose acatar la decisión de la mayoría. Así otro efecto positivo que tendría para la democracia, es que si bien yo he votado al partido en cuestión por una serie de políticas sociales que expone en su programa electoral, estando a la par disconforme con otras, podré manifestar exactamente cuál es mi voluntad en uno y otro caso, perfilando la democracia como un valor de perfección estatal.

El proceso es sin duda un paso hacia una democracia real, y de hecho hace frente al actual problema de una forma tan eficiente, que el peor de los problemas que puede tener la propuesta es el eventual ataque de un hacker o una manipulación pirata del cómputo de los votos (que se sancionaría conforme a una pequeña modificación en el código penal), y que de hecho, el efecto que puede llegar a tener esto es que la ley no se apruebe, pudiéndose someter a una nueva votación.

Este es un proceso que se debe instaurar poco a poco y que debe ser expuesto en asociaciones de vecinos, universidades, y otros espacios públicos para difundir información sobre esta nueva técnica democrática. Por supuesto, hablamos de un gran cambio democrático al que la gente tendría que adaptarse, y posiblemente, los mayores requerirán del auxilio de familiares familiarizados con las computadoras para que les ayuden a votar. Sin embargo, en los últimos quince años hemos sufrido cambios muy significativos que han sido finalmente bien aceptados, como el cambio de monedas, el carnet por puntos, o las leyes anti-tabaco. Todo cambio requiere un esfuerzo, y desde luego, este cambio acercaría mucho más la democracia a las casas.

Sin embargo, y volviendo a la cruda realidad, todas esas soluciones teóricas que aporto, tienen una puesta en práctica mucho más complicada de lo que ya de por si aparenta. Estas teorías no son, a día de hoy, soluciones que se puedan contemplar en la práctica, principalmente por lo bien que está forjado el sistema, puesto que es impensable que un partido político, y mucho menos los dos mayoritarios que se han pasado el testigo mutuamente desde el comienzo de la reciente democracia, puedan llegar a un pacto para fomentar estos valores tan poco españoles. El sistema está bien forjado para la consecución de sus intereses y con eso vale, por no hablar de que Tribunal Constitucional, que sería lógicamente el encargado de dar respuesta a la pregunta de si se ha incumplido el programa electoral y si se ha hecho bajo alguna imposibilidad sobrevenida es, como ya he expuesto, una institución podrida que sirve a los intereses de los partidos políticos, con lo que tendría muy poco sentido la primera redacción de la ley y la segunda sentencia estimatoria para quienes pretendiesen deslegitimar al gobierno y convocar nuevas elecciones. Es por ello que defiendo, como se verá durante el ensayo, que el cambio ha de darse simultáneamente en todas las esferas y matices del poder público para que lleguen a tener efecto.

2.3 Legislación penal orientada al control del poder político.

La legalidad está siempre sujeta a los más diversos medios de control por parte del estado. Y cuando existe un bien jurídico especialmente sensible, ese control se manifiesta en forma de precepto penal para darle una protección diferenciada del resto. De esa forma, aquellos preceptos constitucionales que adquieren el valor de derecho fundamental , así como otros muchos que sin entrar en esta categoría son indudablemente derechos que requieren de una protección especial, encuentran por parte del legislador un amparo penal que los protege de lesiones a los mismos. De esta forma, no debemos más que ojear estos preceptos constitucionales para encontrar su referente de amparo penal. El derecho a la vida y a la integridad física y moral (art. 15 CE), encuentran sus correlativos preceptos penales en las sanciones penales impuestas por homicidio (art.138CP), asesinato (art.139 CP), y lesiones, entre otros (arts. 147 y ss. CP); El derecho a la libertad (art.17 CE), encuentra un precepto penal en los delitos de detención ilegal y secuestro (arts.163 y ss. CP); El derecho a la propiedad privada (art. 33 CE), en los delitos de robo, hurto o apropiación indebida (arts. 237 y ss. CP), etc. Por lo tanto se entiende que como norma general, los valores constitucionales tendrán un homónimo penal para su eficiente defensa.

En el ejercicio de sus funciones, el poder político tiene una especial facilidad para vulnerar no solamente los derechos de los particulares mediante figuras penales como el tráfico de influencias, por ejemplo, en una desigualdad de oportunidades para el acceso a una adjudicación de obra pública mediante los pertinentes procesos de adjudicaciones administrativas, sino además para vulnerar de lleno los propios estándares constitucionales más básicos de nuestro estado de derecho, como son la igualdad o la justicia. Es por ello por lo que planteo que concienciar a los ciudadanos, tanto aspirantes a ostentar cargos políticos como no, pasa por hacer una distinción formal entre delitos "vulgares" y delitos que pudiera llegar a cometer un cargo político en el ejercicio de sus funciones, más allá de las meras agravantes. No hablo necesariamente de un endurecimiento de la ley penal (al que ahora me referiré), sino de diferenciar, ya sea incluyendo un nuevo libro o título en el código penal, estos delitos mediante un elenco de tipos penales susceptibles de ser cometidos por el poder político en el ejercicio de sus funciones. Además, considero que se debería también elevar a cuestión penal ciertas conductas que atentan directamente contra la democracia, como el enriquecimiento ilícito de los partidos políticos.

Por supuesto, no se trataría de una persecución personal que pudiera redundar en un derecho penal de autor, totalmente descartable en un sistema de derecho, sino de tener en consideración que estos delitos dañan gravemente la estructura democrática del país, además de que se cometen vulnerando la esencia de la democracia, que es un valor fundamental de nuestra constitución, y que, por tanto, se deben considerar delitos de otra índole, diferenciándolos claramente como delitos cometidos por las autoridades políticas que deberían servir al pueblo y que en vez de ello , se median de la facilidad que les otorga el cargo para perseguir intereses personales.

Como bien he dicho antes, no hablo necesariamente de

endurecer la pena para cargos políticos, pero si es cierto que es una solución interesante de cara a educar a la sociedad en unos valores políticos más puros. Considero interesante, en este sentido, legislar penalmente considerando como una doble agravante el art. 22. 7 del Código Penal, que reza " prevalerse del carácter público que tenga el culpable". De esta forma, a la hora de computar las penas a tenor de las reglas dispuestas para ello en el código penal, el tiempo de condena aumentaría.

Por último, y siguiendo el ejemplo de Islandia, en el que se imputó al Presidente del país junto a un pequeño grupo de empresarios y banqueros, considero que se debería juzgar a los equipos de gobierno, banqueros y empresarios que, imprudente o dolosamente, conduzcan al país a la ruina económica o social, considerando este crimen como un crimen contra el estado. Por supuesto esta debería ser una cuestión irretroactiva, respetando el principio de legalidad y que se debería poner en uso una vez elaborada la ley y nunca con efecto retroactivo. Cierto es que es una cuestión espinosa y de muy difícil elaboración, pero personalmente considero justo que se juzgue a personas que actúen en estos términos.

CAPÍTULO III: EL GRAN CÍRCULO VICIOSO

3.1 Noción general.

Una democracia es un sistema político que se ha de adaptar las exigencias de los ciudadanos, y que por lo tanto, en cuanto a representación se refiere, ha de ser mutable, en el sentido de que el sistema debe favorecer al cambio de estilo, ya sea total o parcialmente, mediante una legislación dinámica que actúe en favor de estos principios. El objetivo de este capítulo será, pues, explicar cuáles son a mi entender todas aquellas claves legislativas, fácticas y sociales que impiden una evolución del sistema en este sentido.

En síntesis, podemos definir al estado español en estos términos, como un estado respaldado por un sistema que combina varios factores para construir un hermetismo tal, que un cambio en términos reales, de partidos políticos, de ideas, de leyes, y en definitiva, sociales, se vuelve casi utópico en perjuicio de los ciudadanos y en provecho de las personas que se nutren del mismo, puntos, todos ellos que trataré de argumentar uno a uno a lo largo del ensayo. Todo ello tiene su principal fundamento en el incesante descontento de los ciudadanos españoles a lo largo de nuestra corta democracia unida al incesante bipartidismo ilógico en un estado natural de descontexto ambidiestro, en el sentido político de la palabra.

Durante estos casi cuarenta años, hemos pasado por varios momentos especialmente delicados en el que el poder no ha sabido actuar, o actuando ha gestionado deficientemente la situación. Entre ellos, podemos resaltar la crisis de 1977, en la cual la industria española no se supo adaptar a los ajustes macroeconómicos adoptados en los Pactos de la Moncloa, lo cual se hizo muy duro sobre todo debido a que era la segunda crisis, junto a la de 1973 , que sufría España en un periodo corto de tiempo ; y la crisis del año 1993- 1994 que elevó el desempleo hasta un 23% de paro, cifra levemente inferior a la actual del 26%. La lógica invita a pensar que un partido político que alimenta un sistema económico que hace aguas, recibirá el castigo democrático de no volver a representar a la sociedad. Sin embargo, en España el sistema se ha encargado de establecer las pautas a seguir para que sea posible un bipartidismo absurdo en el que los valores de la democracia quedan totalmente distorsionados, la voluntad del pueblo falseada, y la lógica sociopolítica, aplastada.

3.2 La ley lectoral.

3.2.1 La superficialidad del voto.

El primer problema que nos encontramos a la hora de valorar la ley electoral española (Ley de régimen electoral general), es la superficialidad con la que se le trata. Y me explico : Durante nuestra etapa de educación académica básica, estudiamos a los señores feudales que ostentaban monopolísticamente los poderes del estado, y cómo los principios democráticos más primarios nos mostraban un sistema de voto por estamentos, donde el clero y la nobleza tenían siempre la papeleta ganadora al conducir su voto en la misma dirección, dando totalmente igual cual fuera el voto del pueblo llano. Esta manera primitiva de concebir la democracia genera a muy temprana edad, y lo vamos comprobando a través de las divertidas votaciones de delegados de alumnos de clases, la idea de que una votación justa se ha de hacer por cabezas. Todos debemos individualizar el voto para que sea más justo, y por lo tanto, relacionamos el sufragio universal directo, con un sistema electoral justo. Sin embargo, la ley electoral no es, ni de lejos, tan sencilla como una votación de delegados de clase. Es una ley que puede resultar, desde el punto de vista práctico, igual de ineficaz que una votación por estamentos.

Por otra parte, tras la larga dictadura, que abandonó la estructura política mucho más tarde que en otros países del entorno como Italia o Alemania, el ciudadano había distorsionado su idea de la democracia, básicamente porque durante todos esos años, se les había suprimido el voto. Personalmente considero que para que una democracia funcione, desde el punto de vista de las elecciones públicas, debe incluir un sufragio universal directo, así como un sistema de cómputo de votos que reparta el poder de forma proporcional y real. Sin embargo, para los ciudadanos bastaba con el primero de los requisitos, el sufragio universal directo, cayendo irremediablemente en el absurdo de asociar de forma exclusiva, el voto con la democracia, sin tener en cuenta otros muchísimos factores incidentes, como , en primer término, los criterios de reparto de los escaños, o en segundo y más lejano aunque no por ello menos importante, la ley de financiación de partidos, que hacen a ciertos grupos políticos más fuertes que otros. Es por ello que considero que al voto se le da una importancia excesivamente sobrevalorada ; y no busco con ello polemizar , pues estamos de acuerdo en que el voto es necesario, esencial e irrenunciable en un sistema democrático y de derecho, pero sin embargo se ha de complementar con otros muchos instrumentos (que de momento no parecen contemplarse) para forjar una democracia real.

3.2.2. El criterio de proporcionalidad: Las circunscripciones electorales.

El segundo problema que plantea nuestra injusta ley electoral es la ausencia de un criterio de proporcionalidad que se ajuste a las más elementales lógicas geométricas en cuanto a cómputo de escaños en relación a los votos obtenidos en unas elecciones se refiere. En concreto, y para centrarnos en el análisis práctico de la ley, debemos ojear el Capítulo III del Título II de la ley, en la que nos encontramos varios problemas que chocan directamente con la esencia democrática. Así, nos encontramos con el régimen de las circunscripciones, donde el art. 162.2, establece que, de inicio, cada provincia (o circunscripción), constará de un mínimo de 2 escaños, con la excepción de Ceuta y Melilla que solo tendrán uno. De esta forma, inicialmente tendremos establecido el cómputo de los 102 primeros escaños de 350 que componen el hemiciclo (España tiene 50 provincias, con lo que son 100 escaños repartidos en dos escaños para cada provincia más otros dos escaños pertenecientes a las dos ciudades autónomas de Ceuta y Melilla respectivamente). Así pues, quedan por repartir 248 escaños para completar el total de 350. Estos 248 escaños se reparten en función de la población que tenga la circunscripción del siguiente modo: Se obtiene una cuota de reparto resultante de dividir por 248 la cifra total de españoles. En las elecciones de 2008, por ejemplo, 45.200.737 personas. Así pues, la cuota de reparto se obtiene mediante la siguiente operación matemática: 45.200.737 / 248 = 182.261,04.

Abriendo un paréntesis, es aquí donde comienza, a mi juicio, el despropósito electoral. Esta cuota de reparto nace como cifra referente por provincia para obtener un escaño. En mi opinión, esto no debería ser así. Creo que la cuota de reparto, no debería tan siquiera existir. Así pues, para conseguir un escaño, un partido debería obtener tantos votos como indique la ecuación "habitantes/ 350", sin reservar ningún escaño a ninguna provincia en concreto, principalmente porque el congreso de los diputados representa la voluntad popular nacional, con lo que un sistema totalmente transparente y sobretodo proporcional se regiría por una representación parlamentaria directamente relacionada con los votos que consiga, sin necesidad de repartir escaños por provincias, ya que, además en el interior del congreso de los diputados, las votaciones se hacen por grupos políticos, y no por provincias.

Cerramos el paréntesis y continuamos con los complejos cálculos matemáticos que se utilizan para circunscribir los escaños a las provincias. Como decía, esta cifra de 182.261,04 personas resultantes de dividir la población total entre los 248 escaños restantes de adjudicar a cada provincia dos escaños (con la excepción de Ceuta y Melilla a los que solo se les reserva uno a cada una), se denomina cuota de reparto. Ahora se divide la población de derecho de cada circunscripción entre la cuota de reparto para calcular el número de escaños que le corresponden a cada provincia.

Para ejemplificarlo, he acudido a un ejemplo muy ilustrativo que ha explicado D. Luis Miguel Guardeño en su blog, "Empalabrarte, sentimientos y pensamientos para compartir", donde critica duramente la ley electoral: Valencia, en las últimas elecciones generales contaba con una población de 2.486.483 personas, lo cual dividido a la cuota de reparto resultaba un total de 13,6 escaños. La ley electoral establece que en este punto a Valencia se le asignan 13 escaños más los dos que se le adjudicaron al comienzo, lo que hace un total de 15 escaños. Este proceso se realiza en todas las circunscripciones. Al terminar de repartir los escaños por circunscripciones, faltarán por colocar algunos escaños por la cuestión de los decimales, a lo cual la ley pone la solución de otorgar uno a uno los escaños restantes a las provincias cuyo denominador resultante de dividir su población de derecho entre la cuota de reparto tenga un decimal mayor. En el caso de Valencia, se le asignó uno por tener uno de los valores decimales más altos, con lo cual le correspondía un escaño más (16 en total). Es decir, después de realizar el cálculo matemático, tenemos que en Valencia, son necesarios 155.405 votos para obtener un escaño (cálculo resultante de dividir la población de Valencia , 2.486.483 entre el total de escaños que le corresponden, 16). Es este el problema de las circunscripciones, puesto que el valor del voto según la circunscripción valdrá más o valdrá menos en función de la población que en ella resida : Si en mi circunscripción somos más personas que en la circunscripción vecina, mi voto valdrá menos que en el de la circunscripción vecina, pues nos corresponden más escaños, pero cada uno se deberá conseguir con un número mayor de votos, con lo que la fuerza de mi voto en mi circunscripción, en comparación con la fuerza del voto de un vecino de otra circunscripción, puede ser muy desigual.

Para dejarlo claro, haremos también el cálculo con la

circunscripción de Soria. La población de derecho de Soria en las elecciones del año 2008 era de 93.593 personas. Eso quiere decir que el número de escaños resultante de dividir la población de derecho entre la cuota de reparto (93.593/ 182.261,04) es de 0,51, con lo cual, a Soria no le corresponde ningún escaño más allá de los dos escaños que se le conceden desde el principio, y de hecho tampoco consiguió el escaño resultante de repartir los asientos libres entre los denominadores con decimal más alto, porque no estaba entre ellos. Por lo tanto, si hacemos el mismo cálculo que en Valencia, tenemos que cada escaño requiere de 46.796 votos (el resultante de dividir la población de Soria entre los escaños que le corresponden, 93.593/2). El resultado es que se encapsula el proceso de votación en sectores provinciales que distorsionan la fuerza del voto en una provincia con respecto a otra en función del número total de habitantes que tengan, cuestión que vulnera totalmente la lógica de una votación de espectro nacional. Este desequilibrio de fuerza del voto entre unas circunscripciones y otras se conoce en el ámbito político como el desequilibrio entre el voto rural y el voto urbano, donde el rural, por los motivos que he explicado, y al tener menos personas, tiene mayor fuerza.

En mi opinión, el sistema electoral nacional debería albergar un proceso basado únicamente en una representación geométrica que deje a un lado distinciones entre una provincia y otra. Es decir, si un grupo político obtiene un 17% de los votos a nivel nacional, ocupará el 17% de los asientos en el hemiciclo. El proceso es muchísimo más sencillo, efectivo, fácil de explicar al ciudadano y desde luego, más democrático.

3.2.3 La ley D'Hondt.

La ley D'Hondt es, en esencia, un sistema utilizado para

transformar los votos en escaños del parlamento. El sistema fue creado por Victor D'Hondt, profesor de derecho civil y tributario en la universidad de Gante, Bélgica, y hoy en día se utiliza en un número elevado de países, y lo cierto es que muchos de ellos son países con una buena estructura social, económica, educativa y , en definitiva, buenos, como Finlandia, Austria, Bélgica, Francia, países Bajos o Suiza. Sin embargo no es menos cierto que también otros países de más dudosa competencia social y democrática, también lo usan, como Venezuela, Israel y Turquía. Con lo cual, empecemos aclarando que no es, ni mucho menos mi intención, asociar necesariamente el sistema D'Hont con los sistemas más rancios de la democracia mundial. Es, simplemente, un sistema legítimo, que, sin embargo, unido al sistema de las circunscripciones, lo hace democráticamente devastador, como trataré de explicar a continuación.

El sistema viene redactado en el art. 163 de la ley del régimen electoral general, y encuentra su primer déficit en su apartado 1.a), en el cual se eliminan a las minorías, aquellos grupos políticos que no alcancen el 3% de los votos, artículo que considero injusto, puesto que si 6 partidos políticos minoritarios obtienen cada uno el 2'5 % de los votos, estarían representando, en términos reales, a un 15% de la voluntad nacional, y sin embargo, al no alcanzar este el mínimo necesario para ocupar un asiento en el parlamento son descartados, cuestión que atenta, de forma frontal y directa contra el principio de la pluralidad política establecido en el art. 1 de la CE. Pero entrando en la explicación del sistema d'Hont, diremos que es un proceso mediante el cual tenemos que manejar varios datos. En primer lugar, el número de escaños que le corresponden a una provincia según el reparto que hemos explicado en el epígrafe anterior. Para ejemplificarlo y explicar el porqué es injusta, elegiremos el caso de Córdoba.

A esta provincia se le asignaron 6 escaños en el congreso a través de los cálculos asociados al tema de las circunscripciones. Otro dato importante es el número de votos válidos (votos totales- votos nulos) que obtuvo, que fue de 484.711; Pues bien, ahora, el total de votos obtenido por cada partido político, se divide, uno a uno por el total de escaños, que en el caso de córdoba es de 6. En el caso del Partido socialista, por ejemplo, obtuvo 246.470 votos. Esa cifra de votos se corresponde con el dividendo : 246.470 / 1 = 246.470 ; 246.470 / 2 =123.235 ; 246.470 / 3=82.157 . El cuadro quedaría por tanto , así :

Partido	1	2	3	4	5	6
PSOE	246470	123235	82157	61618	49294	41078
PP	182307	91154	60769	45577	36461	30385
IU	34131	17066	11377	8533	6826	5689

Los datos del cuadro son los resultantes de hacer el cálculo con cada uno de los grupos políticos candidatos que han superado el 3% del total de votos. Así pues, solo queda ordenar de mayor a menor, y hasta llegar a 6, los valores numéricos obtenidos tras los cálculos y que han quedado representados en la tabla. De mayor a menor, se escogerían los siguientes resultados : 246.470 (Psoe), 182.307 (PP), 123.235 (Psoe), 91.154 (PP), 82.157 (Psoe), 61.618 (Psoe). Así pues, Psoe obtuvo 4 escaños, Pp 2, e IU, ninguno. Pues bien, analicemos los datos :

El Partido socialista obtuvo 246.470 votos de 487.711, lo cual supone un 50,8 % de los votos, y ha obtenido un 66,67 % de los escaños (4 de 6). Por su parte, el Partido Popular obtuvo 182.307 votos de 487.711, lo que hace un 37, 61% de los votos, y obtuvo un 33,33% de los escaños (2 de 6). El sistema D'Hondt fomenta el bipartidismo debido al siguiente razonamiento: Ha hecho aumentar la proporción de representación del primero, ha disminuido la del segundo, y ha eliminado la del tercero. Además el segundo partido, es el Partido Popular, lo cual significa que la representación que ha perdido en Córdoba, la recuperará en otra circunscripción en la que ellos tengan mayoría. El problema, sin embargo, ciertamente no es debido únicamente a la ley D'Hondt, sino a la combinación entre esta y el sistema de circunscripciones, puesto que limitando los escaños por provincias, obtenemos el efecto de que, por los pocos escaños que se reparten, compiten únicamente los grandes partidos, dejándoselo muy difícil a partidos de menor entidad como IU y prácticamente imposible a grupos aún menores. En este caso de Córdoba, por ejemplo, 6 escaños son muy pocos para que pueda competir un grupo como IU. Los seis asientos quedan reservados para los de siempre.

Conclusión: El sistema D'Hondt en mestizaje con el sistema de circunscripciones distorsiona en mucho la relación entre votos y escaños por partido obtenidos mediante las elecciones generales. En cualquier caso, y para tratar de dar más rigor científico al asunto, adjunto una tabla elaborada por Luis Miguel Guardeño en su blog en la que se ilustran el número de votos obtenidos por un partido, el porcentaje que representa, los escaños que obtuvieron en 2008 mediante el sistema actual, y los escaños que obtendrían de hacer un reparto de votos sin circunscripciones y basados en meros cálculos geométricos, de forma que si un partido obtiene el 13% de los votos, obtendría el 13% de los escaños en el parlamento:

Partido	Nº votos	% votos	Escaños (2008)	Escaños ("justos")
PSOE	11289335	43,87	169	153,55
PP	10278010	39,94	154	139,79
IU	969946	3,77	2	13,20
CIU	779425	3,03	10	10,61
PNV	306128	1,19	6	4,17
UPYD	306079	1,19	1	4,06
ERC	298139	1,16	3	4,06
BNG	212543	0,83	2	2,91
CC-PNC	174629	0,68	2	2,38
NA-BAI	62398	0,24	1	0,84

Como bien se puede apreciar, Partido Socialista perdería una representación de 15 escaños, Partido Popular perdería 14, y a partir de aquí, los grupos políticos comienzan a ganar escaños, lo cual deja retratada la democracia representativa en la que vivimos : Izquierda Unida ganaría 11 escaños, Convergencia i unió ganaría 1 escaño, Unión, progreso y democracia ganaría 3 escaños, Ezquerra republicana ganaría 2, etc.

Todos los datos utilizados se corresponden con datos del 2008, pero lógicamente, el problema es el mismo porque la norma aplicable es la misma. De hecho, un artículo del diario ABC del 28 de Noviembre de 2011 hacía una vista atrás a las elecciones del 2008 para prever cuantos votos debería obtener, más o menos cada partido para obtener un escaño, previendo que, lógicamente, pasaría lo mismo. La lógica nos dice que un escaño para un partido debería venir representado por el mismo número de votos, claro. De no ser así, y volviendo al ejemplo de las votaciones de delegados en clase, un candidato se alzaría como delegado obteniendo menos votos porque las normas de cómputo de los mismos, le benefician a él. En el artículo que acabo de mencionar, se darían diferencias tan obscenas como que a UpyD les harían falta 227.538 votos mientras que al Pp le harían falta 58.073,o al Psoe 63.248. Con diferencias de esta magnitud no se puede afirmar que nuestro sistema es democrático. Nuestro sistema es un círculo vicioso de legislación partidista, mentiras y despropósitos como este que fomenta la incompetencia política, y por ende el desarrollo social del país. Una anécdota curiosa en relación al injusto sistema electoral es que José Bono, quien fue el anterior presidente del Congreso, y durante la presentación de su libro "Les voy a contar", afirmó con rotundidad que " la actual ley electoral distancia mucho a los electores de los elegidos, y hay que revisarla con urgencia". Estas palabras esgrimidas de quien en su día fue presidente del parlamento son especialmente impactantes en cuanto a que vislumbran que el sistema está incluso por encima de los propios cargos políticos.

La solución a este problema, plantea una facilidad relativa. Facilidad desde el punto de vista teórico, que traería como principal movimiento, el modificar la ley electoral para suprimir las circunscripciones y realizar un cómputo de votos que realmente guarde proporción con los votos emitidos, mediante cálculos exclusivamente geométricos, es decir, un 15% de votos obtenidos supone ocupar un 15 % de los escaños, o lo que es igual, 52,5 escaños, de forma que se gana en facilidad, democracia y entendimiento por parte del pueblo sobre cómo se van a computar sus votos. Sin embargo, como digo es también relativa, puesto que esta reforma legislativa es competencia de los poderes públicos, los mismos que se ven favorecidos por esta legislación oligopolística, desde el punto de vista política, con lo cual se antoja difícil su reforma, y es en este punto donde me remito al título de este tercer capítulo, y es que la política es un gran círculo vicioso.

3.3 Un defectuoso sistema de representación.

Durante este capítulo, estoy tratando de demostrar de forma argumentada por qué considero que el estado español es un círculo vicioso hermético que no plantea posibilidad al cambio. Para ello es indispensable tratar dos aspectos que contribuyen a que el proceso electoral no sirva para obrar en ese sentido, de un lado con la doctrina de la disciplina de voto, que convierte lo que debería ser un voto libre por parte de un diputado en un voto restringido en virtud de los mandatos del partido, y de otro con un sistema de listas cerradas que impiden colocar en cada escaño a los diputados que los ciudadanos consideren, convirtiendo esta duplicidad jurídica al congreso, en una institución pública compuesta por personas elegidas por los grupos políticos y cuyos votos en un proceso de decisión legislativo están acotadas y delimitados por la propia voluntad del mismo partido político, convirtiéndolo en una broma pseudodemocrática de mal gusto.

3.3.1 La Disciplina de voto.

La disciplina del voto es también uno de los grandes problemas que contribuyen a que el sistema siga inquebrantable. Cuando los ciudadanos votan, buscan que unas personas que serán elevados al rango de Señorías, representen su voluntad en el congreso. El congreso está compuesto por 350 personas ; 350 Representantes; 350 Ideas. Sin embargo, lo que aparentemente se muestra como una amplia pluralidad de operadores políticos en debate y aporte de ideas y de propuestas políticas, se resume a que existen tantas opiniones, no como personas, sino como partidos políticos haya. La disciplina de voto es, pues, aquella norma de carácter interno que prevé sanciones para los diputados que no acaten las directrices internas a la hora de realizar las votaciones, lo cual nos hace preguntarnos , que si un partido político tiene el poder de dirigir el voto de todos sus diputados, ¿Para qué hacen falta 350 diputados?. Es decir, si cada uno de ellos no representa una idea individual, ¿no sería más económico dotar a un partido político de un poder de voto que fuese proporcional al número de escaños que le corresponden?. Lógicamente, la pregunta tiene aires reivindicatorios y la solución al problema no pasaría por esta fórmula. La solución, al menos según mi humilde criterio, la expondré como conclusión al epígrafe.

Así pues, y en palabras del Filósofo Gustavo Bueno, la disciplina de voto conlleva a una "deformación sistemática de la democracia", y para tratar de explicar cuál es el bien jurídico que se daña con la disciplina de voto, me gustaría citar unas líneas de la obra del Padre Gabriel del Estal, docente de ciencias políticas y sociales que considero no pueden reflejarlo mejor:"Democracia es debate. Debatir es la posibilidad de ser convencido un contendiente por un contrario. Decir voto en libertad es decir voto según criterios personales de consciencia, no según imposiciones gregales dictadas por ningún jefe de grupo. La disciplina de grupo convierte a los partidos en rebaños. Nada de esto es libertad. Ni democracia. Es dictadura insensibilizada de un conjunto despersonalizador, ideológicamente implacable contra cualquier juicio desviacionista y cualquier pronunciamiento fiel a uno mismo".

Para valorar el efecto jurídico y político de la disciplina de voto, debemos ir por partes: Desde el punto de vista constitucional, el art. 67 establece que " los miembros de las cortes generales no estarán ligados por mandato imperativo", o en otras palabras, el parlamentario vota lo que quiera. Entonces, ¿Cómo es posible que hablemos de disciplina de voto?. La razón es que las normativas internas impuestas por las cumbres de los partidos políticos, no establecen una obligación de acatar la orientación que se les impone desde el partido, sino que establece sanciones para quien no lo haga, pudiendo así, el parlamentario votar en contra pero sufriendo las consecuencias. Así, los arts. 33 y 34 del Reglamento del Psoe establecen que "El Comité director podrá sancionar la emisión del voto contrario a la orientación acordada por el Grupo, cuando esta se haya realizado de forma voluntaria y haya sido manifestada explícitamente, sin perjuicio del mecanismo disciplinario previsto en los estatutos federales del PSOE ". En el Pp en cambio no hay una norma escrita que establezca las sanciones, pero la disciplina de voto se cumple, y cuando se incumple, también es sancionada.

    Es probablemente un déficit de nuestra constitución no vetar cualquier otro tipo de injerencia, sea del tipo que sea, en la decisión del voto del diputado, puesto que, al fin y al cabo, el primer criterio de interpretación de la norma es la literalidad. Quizás el más claro y mejor elaborado precepto constitucional Europeo que prohíbe taxativamente injerencias de este tipo sea la Constitución Alemana, conocida como la Ley Fundamental de Bonn , de 1949. En el párrafo 1 de su art. 38, se establece que "Los diputados del Parlamento Federal Alemán son elegidos por sufragio universal, libre, directo, igual y secreto. Los diputados serán representantes del pueblo en su conjunto, no ligados a mandatos, ni instrucciones y sujetos únicamente a su consciencia". Importante es, por supuesto, esta última premisa del precepto que reza que el voto ha de estar sometido únicamente a su consciencia. Es la lógica más incontestable del mundo que si un voto es un derecho, este se ha de usar para representar una voluntad, y que indudablemente esta representación no es en virtud del grupo político al que pertenezco, sino en virtud de los ciudadanos. Por lo tanto, cualquier ley, normativa o directriz traída en sentido contrario, deja retratada la esencia democrática. Sin embargo, no es menos cierto que la vaguedad literaria de la Constitución española en este sentido, no es escusa para que el Tribunal Constitucional se hubiera podido mencionar en contra de estas represiones partitocráticas que corrompen el sentido de la democracia. No obstante, vuelvo, por segunda vez a remitirme al título de este tercer capítulo: La política es un gran círculo vicioso, y no tiene fugas , puesto que el Tribunal Constitucional, del que ya hemos hablado, está compuesto por Magistrados elegidos a partir de organismos políticos, con lo que esperar que se obre en contrario, es esperar que se tiren piedras en su tejado, cosa que no pasará.

Habrá quien se pregunte si este es un déficit solo español o si lo es también a nivel comunitario o internacional, y la respuesta es "no". Lógicamente, si nos salimos del espectro de los países avanzados, encontraremos regímenes menos democráticos que el español, e incluso semi-dictatoriales que hagan uso de la disciplina de voto. Pero si orientamos la pregunta al cerco de los países desarrollados como estados Unidos, Francia, Alemania, o Inglaterra, la respuesta no admite discusión, puesto que si bien es cierto que sus grupos establecen las líneas ideológicas del mismo, esto no es óbice para que finalmente, los diputados voten según la fuente de sus propios principios. La principal razón para ello es que estos estados que he nombrado, con la excepción de Alemania (que solo ofrece listas abiertas para los estados de Bremen y Hamburgo), tienen un sistema de listas abiertas con el cual el representante queda totalmente exento de cualquier obstáculo para dirigir el voto en la dirección que considere suficiente. Sin embargo, y aún así, si bien es cierto que el sistema de listas abiertas es totalmente recomendable para aumentar en valores democráticos, no es menos cierto que el hecho de no poseer listas abiertas podría no suponer un obstáculo si verdaderamente los diputados pudiesen votar libremente.

No obstante a estos impedimentos, trabas y dificultades que impone el sistema, tenemos varios ejemplos de diputados valientes que rompieron con la disciplina de voto por respaldar políticas que atentaban contra las ideas del diputado, y digo valiente, únicamente por el hecho de hacer frente a su propio partido en defensa de lo que él considera que es más correcto, independientemente de que yo piense divergentemente sobre el fondo de la votación. El diputado y alcalde de Monacor, Antoni Pastor, se enfrentó a su grupo, el Partido Popular, por no apoyar la enmienda de función Pública de las Islas Baleares, que quitaba el requisito de saber catalán para acceder a cargos públicos de Baleares, a lo que el diputado se opuso y por lo cual fue expulsado del grupo parlamentario popular. Por poner también algún ejemplo del otro lado, Antonio Gutierrez, del Partido Socialista, rompió en dos ocasiones la disciplina de voto, una primera vez en 2010 al abstenerse en las votaciones para la convalidación del Decreto-Ley de la reforma laboral, y una segunda vez cuando José Luis Rodríguez Zapatero llevo al congreso el proyecto para poner un límite constitucional al déficit público, lo cual Guitierrez tachó de involucionista, bárbaro y atroz, con lo que se le pusieron multas de 300 Euros.

Así pues, la solución a este problema pasaría por una Sentencia estimatoria por parte del Tribunal Constitucional que declarase la inconstitucionalidad de cualquier mandato dirigido a fomentar la disciplina de voto en virtud de un ataque al valor de la democracia así como al art. 67 de la Constitución española, puesto que si bien es cierto que no prohíbe taxativamente estos mandatos, estos van contra la esencia del artículo que promulga en primer término la libertad de voto de los diputados. La segunda solución pasaría por establecer un sistema de votos secretos por parte del diputado en cuestión, lo cual adaptaría el proceso sustancialmente al ejercicio de votar según las convicciones personales de cada representante en el Congreso. Protegería al diputado, y protegería al ciudadano, que tendría la seguridad de que el representante va a votar sin ningún tipo de miedo a las represiones de su partido. La última solución que propongo, sería la modificación de la Ley del Régimen Electoral General para promulgar listas abiertas, con lo que a los diputados, ahora, sí, como en Francia o Inglaterra, no cabría de ninguna forma imponerles una disciplina de voto, pues estos han sido elegidos por los ciudadanos y no por los propios grupos políticos. Además esta promulgación de listas abiertas traería otros beneficios, de los que hablaré en el siguiente epígrafe.

3.3.2 El Sistema de Listas Cerradas.

Sin duda es este uno de los problemas que contribuyen no solamente a que el sistema sea un círculo vicioso, independientemente de los fines que busque, sino que además lo hace ser un problema de la democracia, en términos representativos. En síntesis, las listas cerradas suponen un sistema de voto mediante el cual la voluntad del votante alcanza únicamente a la elección del grupo político que quiere que le represente en el congreso, sin influir de ninguna manera en el nombramiento directo de los candidatos (que no los hay porque no encajan en el patrón de esta definición) que ocuparán los escaños del parlamento. En este sistema, el orden del nombramiento de los diputados viene predeterminado por una lista que establece el orden en el que irán ocupando escaños, en proporción de los votos obtenidos sus Señorías por circunscripciones. En España es este el modelo adoptado para el Congreso y con la elección de los ministros, nombrados a posteriori del escrutinio de votos, con lo que al votar no los conocemos, no sucediendo lo mismo en las elecciones al Senado, aunque como defenderé posteriormente a lo largo del ensayo, esto no me produce un sentimiento de orgullo patrio de ningún tipo al ser esta cámara un órgano residual sin ningún tipo de función que no pueda ser llevada a cabo por el propio Congreso.

España tiene el dudoso honor de compartir este sistema con países como Albania, Colombia, Pakistán, Sudáfrica, Turquía ,Sri Lanka o Ucrania, mientras que si hiciésemos un elenco de los países que operan con un sistema de listas abiertas, encontraríamos países como Austria, Finlandia, Noruega, Suecia, Suiza o Dinamarca, que encabezan el ranking que elabora "Transparencia Internacional" sobre la transparencia de la política de los países, y en el que España ocupa el puesto 30, justo por debajo de Botswana. Por supuesto, y con el objetivo de no interpretar los datos de una manera extremadamente subjetiva, aportaré que países como Irak o Indonesia también utilizan las listas abiertas, pero aclaro que no trato de defender aquí que con la instauración de las listas abiertas se solucionarían todos nuestros problemas, pues la solución pasa por una combinación de factores entre los que considero que se encuentra la instauración de estas listas abiertas. Al fin y al cabo puede suceder que un estado propugne un sistema de listas abiertas y al mismo tiempo ilegalice ciertos partidos políticos de ideología poco interesante para el país en cuestión, con lo cual ahora el problema pasa de ser el sistema de listas a un problema de tolerancia política.

Volviendo al tema, de todos los problemas que planteo durante el ensayo, es quizás este uno de los que puedo esperar una solución más temprana por dos motivos ; primero que han sido ya varios cargos y ex-cargos políticos importantes como D. Felipe González, presidente del gobierno español desde 1982 hasta 1996, los que se han pronunciado ya a favor de este sistema, y en segundo lugar porque al fin y al cabo los partidos políticos se componen básicamente de miembros que ostentarán o no un lugar en la lista solamente con la voluntad de los órganos directivos, con lo cual las listas estarán compuestas de candidatos que les podrán gustar más o menos a los ciudadanos, pero desde luego, se adaptarán al modelo ideológico del partido, con la diferencia de que quizás les sea más costoso elaborarlas, aunque es seguro que acabarían formándolas. Además el hecho de que sea el sistema usado por los países más avanzados es siempre un aliciente para recompensar al partido político que la proponga en su programa electoral.

La instauración de un sistema de listas abiertas dentro de España tendría efectos positivos en varias direcciones. En primer lugar ofrecería a los ciudadanos españoles decidir si quieren o no que un político en concreto les represente, con lo cual la relación dimanante entre el voto del ciudadano y el nombramiento como diputado por parte de un candidato vendría en función de una ecuación exclusivamente democrática y directa, lo cual va más en concordancia con el art.1 de nuestra Carta Magna. Otro efecto positivo muy importante, más teniendo en cuenta que hoy por hoy la corrupción política está a la orden del día y supone un grave problema para los ciudadanos es que al restringir el acceso al congreso de un político del que se sospecha ha podido haber cometido alguna defraudación fiscal, por ejemplo, se le están restringiendo también las garantías que tiene como procesado, dado que por su condición de aforado goza con una serie de prerrogativas procesales entre las que destaca el ser encauzados no en un juzgado de primera instancia como todo el mundo, sino por la sala de lo Penal del Tribunal Supremo, cuestión que no es baladí, más cuando se conocen casos dentro de nuestro propio ámbito comunitario, como el de D. Silvio Berlusconi que buscaba en su candidatura, y además a todas luces, un tratamiento judicial especial en virtud de estas prerrogativas, puesto que en Italia no gozan de un sistema de listas abiertas.

Lógicamente no se puede tener todo: a) O tenemos un sistema de listas cerradas sin circunscripciones y con un sistema de votos basado en la geometría porcentual de los votos como ya hemos explicado ; b) o un sistema de listas abiertas con circunscripciones autonómicas, no provinciales, en las que la cantidad de escaños viniese determinada por el porcentaje de habitantes de la Comunidad Autónoma, ocupando así los asientos del Congreso aquellos candidatos que han obtenido más votos. Por supuesto en este último caso los candidatos serían propuestos por el partido político (ya que defiendo que los partidos siguen teniendo derecho a ser personas jurídicas privadas con autonomía),a los que los votantes puedan votar directamente eligiendo aquellos representantes que prefieran de una sola lista o de varias listas a la vez, pudiendo votar a un número inferior al que tenían derecho o incluso a uno solo, sin computar los votos en blanco ni, lógicamente, los nulos.

De esta forma, y a modo de ejemplo, primero se debe calcular el número de escaños que le corresponden a Canarias mediante una sencilla regla de tres (Si 47.129.783 personas, la población total española, ocupa 350 escaños, Canarias, que tiene 2.218.344, tiene "X"; Es decir : (2.218.344 x 350) / 47.129.783 = 16,47 escaños). De esta forma, en las papeletas de los partidos políticos que opten a ocupar asientos en el congreso deberán establecer un elenco de 16 o 17 candidatos (Para superar el déficit de los decimales se les ofrecería el escaño a las circunscripciones autónomas que hayan obtenido de la ecuación los decimales más altos hasta completar el total de escaños) sobre los que se deberá votar con posterioridad. Yo, personalmente, aún me estoy debatiendo entre la opción a) o la opción b), porque aunque aquí critico las listas cerradas, en momentos posteriores del ensayo explicaré mi posición acerca de los requisitos para ser candidato a diputado, entre los que figuran superar un examen de estado para demostrar conocimientos aptos para ostentar tal cargo, con lo cual el hecho de que fuera el partido político el que estableciera sus propios candidatos importaría quizás algo menos en cuanto a que al menos, los parlamentarios tendrían unos conocimientos jurídicos, económicos, sociales, culturales, etc mínimos para optar al escaño, lo cual sería un gran avance en cuanto a la estructura técnica del estado se refiere.

Para concluir, es curioso que en los mismos términos que se pronunciara respecto a la Ley Electoral el anterior presidente del Congreso, José Bono, se pronunciara también al respecto y más específicamente, sobre las listas cerradas, de las cuales dijo que se debían eliminar, puesto que " los partidos políticos tienen mucha fuerza a la hora de elaborar las listas, y si es cierto que eso tuvo su razón de ser para fortalecer a los partidos políticos y hacer caer al Franquismo, hoy en día los partidos políticos ya tienen esa fuerza democrática, y deberían pensar en reformarla para hacer que los ciudadanos se sientan más cerca de los parlamentarios que de quien los sienta en el escaño".

3.4. La ley de financiación de partidos y el Tribunal de Cuentas.

A día de hoy no he conseguido dilucidar si el mundo lo mueve el dinero o si realmente lo hace el poder político. Sin embargo, una verdad incuestionable es que si un partido político tiene dinero, seguro que está más cerca del poder. Es por ello que uno de los graves defectos de los que adolece nuestra democracia, y que convierten al sistema en este gran círculo vicioso del que estoy hablando, son estos dos factores: Una ley de financiación de partidos que atenta frontalmente contra la esencia del pluralismo político y un Tribunal de Cuentas de imparcialidad dudosa que se encarga de subsanar los pequeños (o grandes) percances legales que pueda tener un partido político.

3.4.1 La ley de financiación de partidos.

La ley de financiación de los partidos políticos es el texto normativo que sirve de base para establecer la normativa nacional respecto a la forma y método de cubrir los ingresos que reciben los partidos políticos del dinero del estado. Especial relevancia e importancia tiene esta ley en un sistema democrático que defiende el pluralismo político, puesto que una ley de financiación favorable a ciertos grupos políticos, les coloca en una posición ventajosa respecto a sus competidores, con lo cual se estaría fomentando el monopolio político que tanto daño puede llegar a hacer. En España han sido tres las leyes que han regulado esta cuestión, evolucionando tras cada reforma, aunque debatiremos, lógicamente, si las reformas llevadas a cabo beneficiaban al conjunto de la sociedad o exclusivamente a los partidos políticos.

En primer lugar se redactó en 1987 la primera ley de financiación de partidos. De momento ha sido la ley de financiación de grupos políticos que más tiempo ha convivido con nosotros en el sistema democrático. Era una ley ciertamente deficiente en varios aspectos, y de hecho era la legislación vigente durante el periodo de tiempo en que Luis Bárcenas, ex- tesorero del Partido Popular e imputado penalmente por presuntos delitos de blanqueo de capitales continuados, falsedad documental, cohecho, y defraudaciones contra la Hacienda Pública, estaba en e cargo. Esta ley trajo importantes restricciones a la financiación de los partidos entre las que se encontraban la prohibición de recibir aportaciones anónimas que superaran el 5% del presupuesto destinado a la financiación por parte del estado español, ni donaciones de personas físicas o jurídicas que superaran los 10.000.000 de pesetas (60.001 Euros). También se prohibían a las empresas que prestaran algún tipo de servicio a las administraciones públicas financiar a los partidos, para evitar así el tráfico de influencias y el cohecho. De la misma forma se imponían sanciones y se obligaba a presentar la contabilidad de la actividad al Tribunal de Cuentas.

La segunda ley se redactó y se promulgó en el año 2007, y reformó la ley en dos sentidos clave que beneficiaron a los partidos políticos. En primer lugar se suprimió el límite cuantitativo de las donaciones, que se debían extender como máximo al 5% del presupuesto destinado por el estado español a los partidos políticos, así como que se aumentó el límite de 60.001 Euros al que debían adaptarse las donaciones de las empresas privadas en el plazo de un año, pudiendo ahora llegar a los 100.000 Euros, y se prohibió a donantes anónimos hacer donaciones a los partidos políticos ; de estos se debía conocer su identidad para que fuera legítima.

Por último, la reforma de la ley de 2012 propiciada principalmente por el escándalo de corrupción del Partido Popular, estableció ciertas modificaciones que si bien contribuían a la transparencia de las donaciones, no se suprimía el principal problema que considero traen todas las leyes de financiación de partidos, y es el trato desigual que reciben unos grupos políticos de otros, de los presupuestos generales del estado español. Entre otras se restringían las condonaciones de las entidades de crédito en favor de los partidos políticos que superaran los 100.000 Euros, así como hacer pública la contabilidad de los partidos, preferiblemente, en su página web y limitar la potestad sancionadora del Tribunal de Cuentas tras 4 años de la infracción, plazo de prescripción muy corto a mi entender.

Una vez explicada brevemente la evolución de la ley de financiación de partidos, debemos hacernos varias preguntas al respecto. La primera de ellas es cuánto dinero reciben de las arcas los grupos políticos, anticipando que el solo el 20% del presupuesto de los partidos pertenece a recaudación a través de los afiliados, mientras que el 80% restante está integrado por subvenciones pagadas con dinero público. Pero para conocer los números exactos acudiremos a la Resolución de 8 de Enero de 2013 de la Dirección General de la Política Interior, por la que se publican las subvenciones estatales anuales, abonadas a las distintas formaciones políticas con representación en el Congreso. En esta resolución, se establece que, acorde a la cantidad establecida en los Presupuestos Generales del estado de 924 Millones de Euros (estipulados en la Sección 16, Servicio 01, concepto 485.01 de los PPGGE), las agrupaciones políticas recibirían las siguientes cantidades: Partido Popular 7.678.864 Euros; Partido Socialista 4.381.357

Euros, y, a partir de aquí, como ya pudimos ver a través del cómputo de votos mediante el sistema D´Hondt, el sistema discrimina al resto de partidos : Convergencia i unió 548.448 Euros; Izquierda plural 739.107 Euros; Iniciativa per Catalunya 168.575 Euros; Bloque Nacionalista Galego 118.395 Euros; Coalición Canaria 99.408 Euros; Unión Progreso y democracia 618.994 Euros, Etc. Cantidades que considero extremadamente altas, sobre todo cuando hablamos de la exacerbada diferencia entre los dos grandes partidos políticos y el resto, más teniendo en cuenta que, como he explicado, la legislación de financiación de los partidos ha ido eliminando barreras de financiación, suprimiendo los límites de la financiación privada en términos totales y aumentándolos en términos anuales, de 60.001 Euros a 100.001 Euros. Además, estas cantidades, como bien indica la propia Resolución, van destinadas a sufragar exclusivamente el gasto ordinario de los partidos políticos, con lo que ni los gastos electorales, que fueron tasados en 44.000.000 de Euros en las últimas elecciones, ni los gastos de Seguridad, de 3.000.000 de Euros (Resolución 8 Enero de 2013 para la sufragación de gastos en Seguridad de los Partidos Políticos con representación en el Congreso)entrarían aquí. Y suma y sigue, tampoco entrarían aquí las cantidades destinadas por el estado a los grupos de gobierno de las Comunidades Autónomas, ni las destinadas a grupos de gobierno de los Ayuntamientos, que van a parte, a lo que habría que sumar también el presupuesto destinado al Senado, Asambleas de las Comunidades Autónomas y alguna que otra institución política más.

Después de este aporte de datos, toca interpretar los números y sus consecuencias. En primer lugar, la consecuencia más visible a simple vista es que las instituciones políticas reciben del dinero público ingentes cantidades de dinero que definitivamente, ni siquiera han servido para incentivar el dinamismo de políticas que redunden en un beneficio directo o indirecto para los españoles. Sencillamente, ese dinero ha salido de nuestros bolsillos para no verse recompensado de ninguna forma. Sin embargo, y para no ser demagogos, no son esos 924 millones de Euros los que nos conseguirían sacar de la crisis. Se trata de algo más. De una cuestión de decoro y de respeto a los ciudadanos españoles que pagan sus impuestos religiosamente sin obtener nada a cambio. En cuanto a la cuestión principal que en este capítulo nos ocupa, que es explicar porque es España un círculo político vicioso, cabe destacar el importante rol de esta financiación desde una doble perspectiva:

De un lado, la lógica discriminación de la mayor parte de partidos políticos en beneficio de los dos mayoritarios, que al contar con más fondos en sus cajas, gracias en parte a estas subvenciones por parte del estado, contarán también con más y mejores medios para sostener su partido, lo cual perjudica de lleno el pluralismo político, pues, si bien es cierto que financiar a un partido no es ilegalizar al resto, no es menos cierto que las campañas electorales (mitins, flayers, trípticos, carteles, vídeos, diseño web, etc) han de cubrirse en términos económicos. Por tanto esta ley de financiación de partidos se traduce en un efecto dominó cuyo proceso consiste en que menos dinero son menos recursos, menos recursos es menos eficacia propagandística, menos eficacia propagandística es menor poder de convicción, y esto, irremediablemente, se traduce al final en menos votos, lo cual sumado al poco interés de los medios de comunicación en mostrar algo más allá de la guerra entre Pp y Psoe, así como la ignorancia del ciudadano que se guía principalmente por el marketing populista de los partidos políticos, se traduce en una desigualdad democrática muy importante.

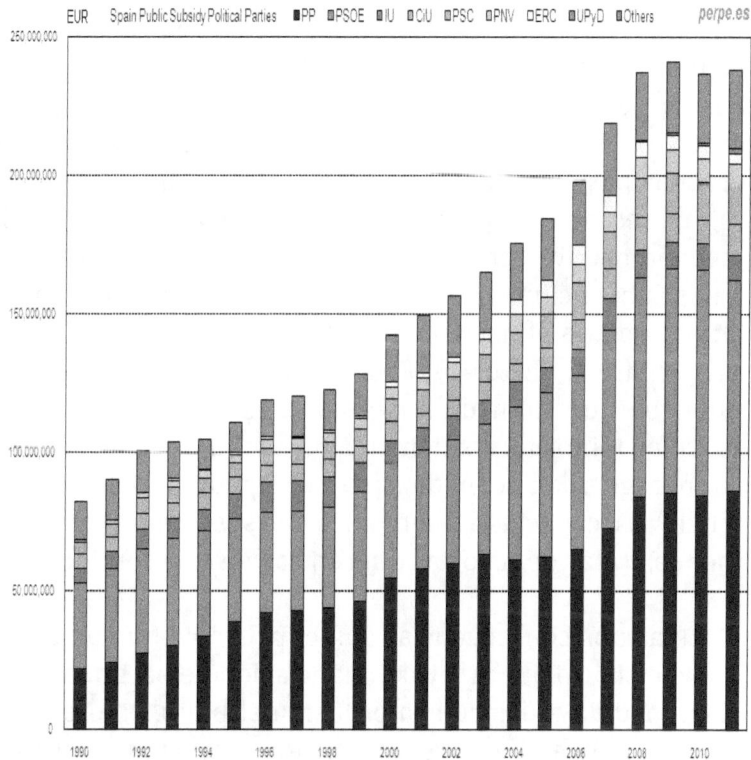

*Como se observa en la gráfica, la financiación de los partidos en los últimos 24 años ha favorecido por mucho a los dos grandes partidos políticos, lo cual reduce el potencial económico del resto, cuestión perjudicial a efectos, por ejemplo, de publicidad del partido, quedando falseada la democracia. En color más oscuro, abajo, los ingresos del PP, e inmediatamente desués, algo más claro, los del Psoe. Después el resto, claramente marginados.

De otro lado, la ley de financiación de partidos y el efecto discriminatorio que trae consigo, trae otro efecto indirecto que bien se puede apreciar a la hora de comparar los costes de las cuotas de afiliación de los partidos políticos. Según el diario digital "20 Minutos", el coste medio anual para el sufragio de las cuotas del Partido Popular, es de 20 euros y el del Partido Socialista de 30. Ahora bien, analizamos los costes de otros partidos y descubrimos que otros grupos como Unión, Progreso y democracia ascienden a 240 Euros anuales, o en el caso de Ezquerra Republicana Catalunya, 132 Euros anuales, y por aportar otra cuota de afiliación de un partido con representación parlamentaria, Izquierda Unida tiene unos costes de 48 Euros. Ahora preguntémonos, ¿Por qué sucede esto?. La respuesta más superficial, aunque también la más errónea pasa por pensar que los partidos que cobran más a los militantes, son más avariciosos. Sin embargo, si lo analizamos con perspectiva vemos que existe una relación directa entre las bajas subvenciones de los partidos políticos minoritarios y sus altas tasas de afiliación, al contrario que con los dos partidos mayoritarios. Esto es, básicamente porque los partidos políticos necesitan dinero para conseguir sus fines, y si los partidos minoritarios tienen la más mínima intención de llegar a tener igualdad de medios para competir, necesitarán también igualar la capacidad económica de sus rivales políticos, o al menos, tratar de recortar diferencias en este sentido.

Estas dos consecuencias son el principal fundamento por el que considero que la ley de financiación de partidos ayudan, en gran medida a destruir la esencia del pluralismo político, que no se puede interpretar en los escuetos límites de la prohibición soberana de ilegalizar los partidos políticos que considere sin mediar motivación fundada en derecho. En mi opinión, al ser este un valor consagrado en el art. 1 de la Constitución española, se ha de interpretar de forma más extensiva, previendo un ordenamiento jurídico que obre en ese sentido en cada ley competente para ello.

Es por todo ello por lo que es necesaria una reforma en esta ley con urgencia, aunque no con más ni menos urgencia que las otras leyes, puesto que el sistema es un engranaje dinámico que se nutre de todas sus piezas para conseguir mantener el oligopolio político. En cualquier caso, el proceso pasa, según palabras del Catedrático y decano de Ciencias Políticas y miembro de Transparencia Internacional Joan Botella, por un cambio social y cultural, tesis que personalmente defiendo y sobre la que me mencionaré en capítulos venideros. Elevar la cuestión a rango penal es también algo imprescindible.

Otros modelos Europeos como el Alemán o el Francés son el ejemplo a seguir, matizándolo y adaptándolo a nuestro país sin quebrantar la esencia de la transparencia y la justicia. En Alemania, según el decano de la UAB, "los partidos Alemanes están sometidos a un control férreo por parte del estado, con unas reglas muy claras que obligan a un comportamiento transparente". Se financian exclusivamente a través de afiliados y donativos y solo reciben dinero del estado para cubrir los gastos electorales. El sistema Francés, más parecido al español en cuanto a las subvenciones con dinero público por parte del estado se refiere, dista sin embargo del sistema español en términos de sancionadores, donde se ha instaurado un sistema mediante el cual las infracciones presupuestarias cometidas en torno a la legalidad incurren en la pérdida del escaño

Como sucede con los otros epígrafes que he comentado, como las circunscripciones, la ley D´Hondt, la disciplina de voto, y demás, la solución teórica al problema es muy sencilla, justa y viable, pero quien tiene legitimidad para llevarla a cabo, se vería perjudicado por ella. Considero que cuatro son los pilares fundamentales sobre los que se tendría que construir la financiación de los partidos políticos: Independencia, equidad, imparcialidad y transparencia.

Desde el punto de vista de la *independencia*, la legitimidad del estado para financiar las actividades desempeñadas por un partido político deberían alcanzar única y exclusivamente a cubrir los sueldos y los gastos derivados del ejercicio de las funciones de los cargos políticos. Recordemos que la ley electoral actual ofrece abundantes cantidades de dinero que sirven para financiar la actividad interna y privada del partido, y que los salarios de los cargos políticos van a parte. Por lo tanto, si bien es cierto que el estado debe cubrir los salarios y los gastos derivados del ejercicio de las funciones de los cargos políticos, dado que estos están cumpliendo una importante función social y democrática que ha de ser remunerada, no es menos cierto que todo lo que exceda de estas fronteras queda totalmente aislado de las responsabilidades que contrae el estado y del compromiso y función que cumplen los impuestos. Es por ello que defiendo, como defienden muchos juristas y ciudadanos, que un partido político se ha de nutrir única y exclusivamente de las cuotas de los afiliados y de las donaciones que voluntariamente hagan los particulares, con un cierto matiz al que me referiré a continuación.

Por cuanto se refiere a la *imparcialidad*, esta futurible ley electoral neutral de la que hablo, ha de asegurar en su articulado que ninguna suma de dinero destinada a un partido político rebasa la estricta legitimidad para la que están constituidos, que es que esa suma de dinero pueda contribuir a que las ideas e intereses que tengo, se vean representados por el partido político una vez llegue al cargo. Es decir, nunca una suma de dinero puede tener como objetivo, por ejemplo, el conseguir un futuro contrato en favor de la persona jurídica que haga la donación, o una legislación favorable a la empresa o la persona que ha hecho la donación. Por lo tanto, para garantizar la imparcialidad, esta ley debería prohibir las donaciones en favor de partidos políticos realizadas por empresas privadas de abastecimiento eléctrico, de gas, de agua, telefonía, banca y otras empresas que por su condición de altamente necesarias para la sociedad puedan verse favorecidas en un futuro, por ejemplo, mediante modificaciones en la ley tributaria.

De igual forma, se debería prohibir el concurso en las adjudicaciones de contratos de obras y servicios públicos a aquellas empresas que hubieran donado cantidades altas de dinero al partido político que en el cargo realiza el concurso o a sus fundaciones, que puedan posteriormente ceder las donaciones a los partidos políticos en un claro ejemplo de fraude de ley, (Como Faes, del PP, o Ideas de Psoe), asegurándose así que no existirá ninguna relación directa entre la donación y la adjudicación, de forma que la donación solo pudo haber sido fruto de un interés representativo. En este punto cabe también hablar no solamente de las donaciones, sino de las condonaciones de deudas por parte de las entidades financieras, que también se traducen en un impacto económico importante sobre un partido político (En el año 2006 Banco Santander y Caja Vasca BBK condonaron al Partido Socialista una deuda de 33 millones de Euros). Las mismas no solamente se deberían limitar, sino que se debería imponer un mandato legal a las entidades de crédito de no condonar una deuda, sea cual sea la naturaleza y la cantidad de la misma a un partido político. Principalmente por dos motivos: Como he dicho, una condonación de una deuda puede suponer una ventaja económica con respecto a los otros rivales políticos, y en segundo lugar porque los bancos cumplen una función social y operan con el dinero de sus depositantes, con lo cual no sería justo para el desarrollo de la economía social. Para explicarlo desde un punto de vista más técnico, desde el punto de vista legal, en derecho civil las legítimas en derecho de sucesiones sirven para impedir que se perjudique el derecho a suceder que tienen los descendientes del causante, de forma que una condonación de una deuda a una tercero que exceda de los límites del tercio de libre disposición, se reduce por inoficiosa (se anula), al suponer un perjuicio para el derecho del heredero forzoso. Es aquí donde quiero hacer el símil entre la condonación de una deuda con una entidad financiera, que perjudica a la neutra rivalidad económica entre dos partidos políticos, y la condonación mortis causa de las deudas, que pueden lesionar los legítimos derechos sucesorios del heredero forzoso.

Con el pilar de la *equidad* defiendo que esta legislación no podrá contener preceptos que favorezcan más económicamente a un partido con respecto a otro, lo cual se traduce, necesariamente, en una prohibición expresa en la ley, por parte de los partidos políticos, de ser subvencionados por el estado, y me explico : No podemos defender que los partidos políticos sean subvencionados ni siquiera en la misma cantidad, en primer lugar porque como he explicado, no es competencia del compromiso recaudatorio del estado, y en segundo porque el gran número de partidos políticos que existen a nivel nacional, autonómico y local redundaría en un esfuerzo económico que puede ser, o bien hercúleo si se pretende contribuir con cantidades que merezcan la pena, o bien simbólico e insuficiente si medimos el gasto con un cierto nivel de cordura democrática económicamente hablando. Por ello la solución más fácil y justa pasa por cortar el suministro económico a los partidos políticos y establecer los mismos límites a las donaciones a los partidos, los cuales considero deberían no solo retornar al anterior límite de 60.001 Euros, sino incluso rebajarlo hasta los 20.000 Euros, para evitar así diferencias económicas astronómicas entre aquellos partidos que representen los intereses de los más poderosos en relación a los partidos políticos que representen las voluntades menos capitalistas y más humildes de la sociedad, pues de lo contrario falsearíamos la democracia convirtiendo en poderosos, no a los partidos que más simpatizantes tengan, sino a los que tengan más simpatizantes solventes.

El pilar de la *transparencia*, por su parte, exigiría una coordinación ágil por parte del Tribunal de Cuentas y los tribunales ordinarios, una puntualidad británica a la hora de comprobar las cuentas de un partido, una contabilidad pública de todas y cada una de las maniobras económicas del partido político en cuestión, una ampliación de los actuales 4 años a 10 años para la prescripción por parte del Tribunal de Cuentas para imponer las sanciones pertinentes y una mayor simpatía hacia las auditorías públicas. Por supuesto, para que podamos hablar de transparencia, se debería cambiar la Ley Orgánica del Tribunal de Cuentas (LOTCu), dado que según la redacción de la misma, 6 consejeros son elegidos por el senado y otros 6 por el congreso, lo cual ofrece las mismas dudosas garantías de imparcialidad que ofrece el Tribunal Constitucional, cuyo problema traté en el primer capítulo y cuya solución estaría en muy estrecha concordancia a la que propongo para el Tribunal de Cuentas, aunque sin embargo lo volveré a exponer en el siguiente epígrafe.

3.4.2 El Tribunal de Cuentas.

El Tribunal de Cuentas tiene dentro de cualquier sociedad una importancia relevante e imprescindible, pues es el órgano fiscalizador de las cuentas del estado, gestiona la economía del sector público y es una institución de control externo de la actividad financiera del mismo, así como de la contabilidad de los partidos políticos. Le hacemos mención en este punto del ensayo puesto que una legislación que prevea una financiación de partidos en los términos expuestos, requiere a su vez de un control que asegure su cumplimiento. Hoy en día, la ley de financiación, como ya he explicado, no fomenta, sino que perjudica el pluralismo político, y el Tribunal de Cuentas, en lo referido a su composición, tampoco. Como ya he dicho, el Tribunal de Cuentas está compuesto por 6 consejeros nombrados por el Senado y 6 consejeros nombrados por el Congreso, con lo que la independencia de los mismos, de la cual nos habla el art. 136.3 de la CE, queda totalmente en entredicho. Para no extendernos en demasía sobre la composición del Tribunal, únicamente aportaré otro dato más, y es la temporalidad de 9 años por el que son elegidos.

* Sede del Tribunal de Cuentas, en la calle Fuencarral de Madrid

El problema de la efectividad del Tribunal es doble; Por un lado, operan sobre la base de una Ley de financiación sobre cuyo déficit en aporte democrático ya me he mencionado, y por otro, al ser elegidos por el Congreso y el Senado, ahora mismo nos encontramos en una situación en la que todos y cada uno de los consejeros del Tribunal son personas propuestas por el Partido Socialista y el Partido Popular, que agraciados por el sistema, son los únicos capaces de conseguir las mayorías exigibles en el congreso y el Senado para nombrar a los miembros. Sobre el primer problema me he mencionado ,y sobre el segundo ahora digo que esto es inadmisible para un sistema democrático.

El Tribunal de Cuentas ha sido protagonista en más de un episodio comprometido sobre los números de los partidos políticos, muchos de ellos en relación sobre ocultismo de datos sobre donaciones de los dos grandes partidos, Pp y Psoe. Hace unos meses, se supo que en 2008, momento posterior a la reforma de 2007 de la Ley de Financiación de Partidos, que establecía un claro veto a las donaciones hechas por anónimos, el Partido Popular ocultó datos relativos a la identidad y donaciones en favor de cuatro de sus sedes y sobre las cuentas a las que había ido a parar el dinero, comportamiento anómalo que sin embargo no tuvo sanción por parte del Tribunal de Cuentas , además de aportar los informes fuera de plazo como acostumbra a hacer. El colmo del absurdo, sin embargo, fue en el ámbito del Partido Popular, que sin ningún tipo de vergüenza ética, denunció al grupo de Hackers "Anonymus" por haber revelado estos datos. No es difícil encontrar artículos de prensa en los cuales se haga referencia a los retrasos en las fiscalizaciones de los consejeros de este tribunal, que tienen un retraso medio de 4 años, con lo cual las sanciones, en virtud de lo expresado en el art. 7.3 de la ley, prescriben y quedan sin sanción. Un auténtico desastre.

Es por ello que la solución pasa por cambiar la Ley Orgánica del Tribunal de Cuentas y actualizarla al momento democrático en el que vivimos, que es el siglo XXI. El Tribunal de Cuentas debería, por tanto, ser compuesto por aquellas personas que obtengan una mayor puntuación en un examen de estado al que solo podrían acceder economistas, contables y juristas con más de 15 años de experiencia, siendo estos examinados por los propios miembros del Tribunal de cuentas, convocándose 6 plazas cada 15 años para renovar el Tribunal. De esta forma se consigue la verdadera independencia entre este órgano y el poder político, con lo cual, y unido a una reforma en la Ley de financiación de partidos, la vergüenza a la que estamos sometidos, así como la quiebra del valor del pluralismo político y de las más estrictas lógicas democráticas podrían empezar a superarse.

3.5 El pensamiento social de izquierdas y derechas.

Desgraciadamente, y hablando en términos generales pero no absolutos, el conocimiento medio sobre la política del país, es bastante pobre. Es cierto que con la propagación de internet, las noticias se comparten más velozmente y puede incluso que se haya incrementado el interés de los jóvenes por la cuestión política. Sin embargo, siguen siendo hoy las grandes campañas publicitarias, los topicazos de la televisión y los titulares de los periódicos (digitales o impresos, me da igual), los que ahondan más en la mente del ciudadano medio español. Somos por naturaleza muy poco capaces de hacer síntesis y comparativa de la realidad política. Nos cuesta mucho leer al respecto. Pero nos gusta mucho opinar. Este epígrafe meramente "residual" (que quería introducir pero no sabía muy bien donde), viene a expresar mi fuerte descontento con las personas que se dejan guiar por estos titulares, sin pararse a pensar un segundo. En concreto, quiero exponer la teoría de que el debate de izquierdas y derechas es un debate ya rancio. Un debate del siglo XX, de guerra, y por lo tanto, de sesgo. De comunismo contra capitalismo. Después de la caída del muro de Berlín, y sobre todo a medida que la sociedad se ha ido desarrollando y pluralizándose, veo de muy poco recibo orientar el debate sobre la izquierda y la derecha. El término de "izquierdas" y de "derechas" surgió en 1879 en Francia, cuando, fruto de la Revolución Francesa, surge la Asamblea Nacional Constituyente en el que se discutía sobre el veto absoluto del Rey a las cuestiones legislativas, lo cual significaba cambiar (o progresar). Los que estuvieron de acuerdo con aislar al Rey de las cuestiones legales se posicionaron a la izquierda, y los que no (conservadores) a la derecha. Es tan anecdótico como absurdo. A partir de ahí, la conocida como "izquierda política", así como la "derecha política", fue adquiriendo unos valores, se fue ramificando en varias concepciones, etc.

A partir de ahí, tenemos que pararnos a pensar cuánto de bueno tiene esto para la sociedad. Desgraciadamente, al ser (en términos generales pero no absolutos) una sociedad con muy poco interés por la cuestión política, muchos dejan llevar su "instinto electoral" según se considere él de izquierdas o de derechas. Por lo tanto se va a reproducir en muchísimos casos el hecho de que una persona se considere (él mismo, en su fuero interno) una persona humilde, reaccionario y obrero (aunque realmente sea todo lo contrario) y vote al Partido Socialista porque le han dicho, o le han tratado de convencer de que el Partido Socialista es más de izquierda cuando realmente es un partido de centro derecha, según los politólogos.

Es por ello que considero que este debate se ha de eliminar del terreno político cuanto antes, porque es un debate muy superficial, muy poco profundo, muy sesgado, muy ignorante y que valora muy poco las ideas de los partidos políticos. Es muy cómodo que a uno le digan si un partido es de derechas o de izquierdas y en base a ello orientar el voto. Pero lo que hay que hacer, por dos motivos esenciales que explicaré a continuación, es valorar únicamente las ideas de los partidos políticos, y en base a ello, votar, haciendo caso omiso al color de la bandera o a las siglas.

Explicando lo anterior, en primer lugar es un debate que hay que abolir porque de ello se benefician únicamente los dos partidos mayoritarios. Objetivamente hablando, en el espectro de la política solo hay izquierdas y derechas (y luego otros son extrema derecha, extrema izquierda, centro derecha, centro izquierda, y demás tonterías sin sentido que no valoran las ideas). Sin haber hecho ningún estudio de campo, estoy completamente seguro de que pidiendo aleatoriamente a personas de distintas edades que digan un partido de derechas y otro de izquierdas, una abundante mayoría diría Partido Popular y Partido Socialista. Así pues, teniendo en cuenta la cuestión de sesgo que antes he comentado, el debate en la calle se va a traducir en si conviene más el Partido Popular o el Partido Socialista, fomentando más, si cabe, desde la propia sociedad, el tan odioso bipartidismo que tan sometido tiene al pueblo español.

En segundo lugar, valorar las ideas de los partidos políticos es entrar a valorar directamente cuales son los objetivos del mismo. Una persona puede considerarse de derechas, leer el programa electoral de Partido Popular y el de Izquierda Unida, y sentirse más atraído por el segundo programa. De hecho, como yo muchas veces he afirmado a quien me lo ha preguntado, a mi no me parece nada contradictorio alabar una política del Partido Popular, otra de Izquierda Unida, otra de UpyD y otra de Ciudadanos. Es, simplemente, compatible. Lo que el votante tiene que hacer es no dejarse llevar por topicazos, y mucho menos por promesas, leer los programas electorales de los partidos, otorgar mayor o menor credibilidad a los mismos, elegir cuál de ellos les representa más, y votar en consecuencia. Así de sencillo.

De la misma forma, hay que acabar con la idea de que los partidos políticos son equipos de fútbol con los que hay que estar hasta la muerte. No me parece mal simpatizar o militar en un partido, ni mucho menos. Lo que está fuera de lugar es la ausencia de autocrítica tanto por parte de los cargos políticos como de sus simpatizantes o militantes. No olvidemos que la razón de ser de los partidos políticos es la de representar la voluntad popular y avanzar socialmente. Un fracaso de un partido político se puede esconder y tratar de justificar o se puede reconocer y aprender de él. Para un simpatizante del partido, será mejor lo primero. Para la sociedad, sin ningún tipo de duda, lo segundo.

CAPÍTULO IV: LA ESTRUCTURA POLÍTICA

4.1 Noción .

El absurdo español comienza, sin pensarlo un segundo, por plantear una estructura interna basada en el derroche, el populismo y la interpretación interesada del concepto de democracia. Estos conceptos combinados entre sí han establecido en este país un sistema político que lejos de actuar sobre los conceptos de responsabilidad, coordinación y dinamismo, lo han hecho sobre los muy divergentes de incompetencia, mentira y autocomplacencia. A lo largo de este capítulo explicaré por qué considero que la actual estructura está ya desfasada y me centraré sobretodo en la figura del político como instrumento social y democrático cuya importancia es extremadamente relevante ,y trataré también los motivos que le han llevado a estar en tan decadente consideración. Pienso que uno de los mayores errores que se ha cometido a lo largo de la historia política, es dar extrema importancia al hecho de que el poder emana del pueblo, cosa totalmente cierta que sin embargo ha distorsionado la idea de la utilidad del sistema político en sí. En mi opinión, la democracia, al igual que una empresa, busca un fin. El fin de la democracia va mucho más allá de que las personas voten. La democracia es el medio por el que se consigue el fin del desarrollo, la justicia, la sostenibilidad, y en resumen, una mejora en la calidad de vida, y por ende, en la felicidad de las personas.

Por ello la democracia ha de encontrar su perfecta armonía con la utilidad práctica del instrumento político, como si de una empresa se tratase, buscando eficacia, eficiencia y efectividad. Sin embargo, nuestro sistema político está diseñado para confundir esa idea de soberanía popular con una inexistente fuente de raciocinio que establezca las pautas a seguir a la hora de colocar en un cargo público importante a una persona, permitiendo que estos cargos los ostenten personas sin los conocimientos y aptitudes oportunas para desempeñar con rigurosa profesionalidad y eficacia sus funciones, todo ello bajo la escusa de que la democracia es así. Es por ello por lo que posiblemente muchas de las opiniones vertidas en este capítulo sean sensibles a oídos de personas que buscan una mejora del sistema y sus efectos delegando toda la responsabilidad en personas que objetivamente hablando, no son aptas para ello.

4.2 El sistema bicameral.

En sus orígenes, el Senado español se remonta al Estatuto Real de 1834, promulgado durante el tiempo de la Regencia de Isabel II por María Cristina de Borbón Dos- Sicilias, siendo este estatuto el sustituto de la Constitución de 1812. La institución del Senado se mantuvo operativa en España hasta la dictadura de Primo de Rivera en 1923, momento en el que se suprimió. En 1931, la nueva Constitución tampoco la introdujo y fue ya en 1939 cuando comenzó el régimen Franquista, con lo cual nada figuraba sobre el Senado en aquel entonces, hasta 1978, con la promulgación de la Constitución española, momento en el que se instauró, para quedarse, el sistema bicameral compuesto por el Congreso y el Senado. Sin embargo, la instauración del Senado en la actual democracia española tuvo dudosa utilidad práctica ya desde sus inicios.

Torcuato Díaz- Miranda, quien fuera Ministro Secretario General del movimiento del partido único franquista entre 1969 y 1974, fue una de las principales y relevantes figuras políticas durante la transición española. Díaz- Miranda, que de forma muy audaz previó la formación de dos grandes grupos políticos en el congreso (como muy bien sucedió), decidió establecer nuevamente la olvidada figura del Senado mediante su implantación en la Ley de Reforma Política 1/1977 de 4 de Enero, con el objetivo de dar mayor protagonismo a las autonomías configurando el Senado como un ente de representación territorial y poder continuar sin percances con la reforma del nuevo sistema democrático. Posteriormente, se fue perfilando la figura del Congreso y fue cuando surgieron las circunscripciones por provincias, de forma de que los territorios gozaban por fin de representación en el Congreso a nivel provincial, con lo que el principal motivo para institucionalizar al Senado había desaparecido, y por tanto, se pudo haber suprimido.

No obstante, se optó por seguir dándole un rol legislativo de segundo orden. Así pues, tenemos que, desde el punto de vista de la lógica práctica y democrática, no es estrictamente necesaria la instauración de un Senado, puesto que otros países de nuestro entorno tan bien valorados como Suecia, Noruega o Finlandia gestionan su país sin Senado u otras cámaras, y otros países con sistemas bicamerales atribuyen sin embargo, diversas funciones al Senado que la perfilan como una cámara verdaderamente complementaria del sistema. De hecho, la historia dicta que la única razón por la que se institucionalizó el Senado desapareció con las circunscripciones en el Congreso de los diputados, con lo cual, ¿De qué sirve el Senado?; Es decir, estamos manteniendo el sistema de la circunscripción de votos por provincias, que destruye la igualdad de fuerza entre el voto rural y el voto urbano entre otras cosas por dar representación a las comunidades autónomas y sin embargo seguimos manteniendo al Senado, con el consecuente déficit de eficiencia democrática que ello conlleva.

*Edificios del Senado y el Congreso, en Madrid

Dice el art. 66 de la Constitución española que las Cortes Generales representan al pueblo español, y están compuestas por el Congreso de los Diputados y el Senado. Así pues, es este el artículo principal que configura España como un estado bicameral, donde se adoptan las decisiones de ámbito legislativo y nacional. Desde el punto de vista funcional, el Senado tiene encomendada la tarea de ente subordinado en cuanto a la potestad legislativa, pudiendo tomar en consideración propuestas de ley para remitirlas al congreso o enmendar o vetar proposiciones de ley del Congreso. Sin embargo, lo cierto es que las potestades que se le encomiendan en exclusividad al Senado, se reducen a la propuesta de cuatro Magistrados del Tribunal Constitucional, la propuesta de los seis vocales del Consejo General del Poder Judicial y la potestad de autorizar al gobierno el intervenir en las comunidades autónomas. Es decir, toda una institución compuesta por 266 Senadores, que conlleva una inversión de 25.000.000 de Euros anuales y una complejidad legislativa surrealista, realiza exclusivamente tres tareas exclusivas.

Sea dicho antes de explicar la más cruda de las lógicas que pasan por encomendar las dos primeras competencias al Congreso y la tercera a los Presidentes de las comunidades autónomas para suprimir al Senado, que en mi personal e ideal modelo de sistema legislativo, los nombramientos de Magistrados del Tribunal Constitucional, así como de los vocales del Consejo General del Poder Judicial, no serían potestades de ninguna cámara, sino de estructuras independientes que garantizaran, como ya he explicado en el caso del Tribunal Constitucional, que los Magistrados no sean propuestos por miembros de partidos políticos y evitar así la contaminación del poder judicial en favor de una separación de poderes objetiva. Pero ya que se está haciendo contaminando los poderes, el colmo del absurdo es que se haga por dos cámaras pudiéndose hacer con una sola. Al fin y al cabo la regla general indica que quien tiene mayoría en el Congreso, tiene mayoría en el Senado. Es decir, deciden congresistas y senadores de partidos idénticos, y deciden, como hemos tratado en lo referente a la disciplina de voto, en la misma dirección.

En otros países como Alemania, se configura un sistema de bicameralidad en el cual, si bien no es imprescindible, se configura el Senado, denominado "Bundesrat" ,como una verdadera segunda instancia legislativa en la que de un lado, se procura un cierto equilibrio de fuerzas políticas en su composición, dado que esta se compone directamente de miembros de gobiernos regionales (Länder) que tendrán entre 3 y 6 escaños en función del número de habitantes del Länder, siendo 69 miembros en total, y de otro, se procura dotar al Bundesrat de una serie de competencias que distan de poder ser calificadas como residuales como bien se podría hacer perfectamente en España con el Senado. Entre sus funciones, establecidas en el art. 50 de la Ley Básica Alemana, están las de iniciar un proceso legislativo y ser consultados por el gobierno directamente. Incluso son capaces de tomar decisiones de urgencia en el estado de excepción, con lo cual se refuerza de una forma importante la intervención de los Länder en la política estatal, en un claro perjuicio comparativo con el sistema bicameral español, que es imperfecto por su defectuoso cómputo de escaños en su interior, y por las competencias que se le otorgan, que deja en clara evidencia que la competencia del poder legislativo estatal está en manos del Congreso única y exclusivamente.

No quiero sin embargo con esta exposición afirmar que la institución del Senado sea causa directa de los problemas de España, pero es cierto que es un claro ejemplo de cómo las estructuras institucionales españolas no están precisamente dirigidas a procurar una mejora en ese sentido. Considero que es un claro ejemplo de lo mal constituido que está el sistema, digno de mencionar en primer lugar debido a que supone nada más y nada menos que una de las cámaras legislativas, con lo que siguiendo la misma línea argumental del senador D. Jose Manuel Pérez Bouza a la pregunta de Jordi Évole sobre el fundamento del senado, "tal como está configurado en este momento, no tengo ningún reparo en decir que sirve para muy poco o para nada", tras añadir además que no sabría decir si es más o menos operante y rentable que las diputaciones, con lo que, pese a que no sea objetivo habar de ellas en este ensayo, queda demostrado que los límites del absurdo del sistema español superan en mucho los contenidos de estas páginas.

4.3 Cantidad y calidad de los cargos políticos españoles.

Las decisiones que se toman en el interior de los partidos políticos y que redundan necesariamente en decisiones que posteriormente se adoptarán en el ejercicio de las funciones de los cargos públicos, son adoptadas, al fin y al cabo, por personas. Personas que al ostentar un cargo público parece que, causa de una ley tácita social, pasan a otra esfera que supera los límites de la biología para convertirse en entes metafísicos clasificados a parte del propio ser humano. Todo ello falsas ideas inculcadas en una sociedad que no ha llegado a comprender aún que el término "político", representa únicamente un cargo social de vital importancia como de vital importancia lo es también el cargo de profesor, policía o enfermero. En este epígrafe me centraré por tanto, en el estudio de la figura del político español, tanto en su dimensión cuantitativa como en la cualitativa, explicando cuales son, tanto de un prisma como de otro, aquellos problemas planteados y soluciones por plantear.

4.3.1.A) La política como negocio

Soy consciente previa escritura de este epígrafe, de que generalizar es un mal de ignorantes. Sin embargo, y atendiendo única y exclusivamente a antecedentes históricos, puedo asegurar y aseguro que el poder corrompe al hombre. Estamos de acuerdo en que, en líneas generales, los políticos españoles, sobre todo aquellos de " menor importancia" como los concejales, pueden tener claras aspiraciones a contribuir a la mejora de la sociedad mediante la prestación de servicios, sin perjuicio de decir también que muchos de ellos ven en la política una salida fácil. Sin embargo, a medida que el poder y la jerarquía aumentan, parecen aumentar también las posibilidades de corrupción política, y es en este punto cuando uno recuerda aquellas célebres palabras de Eduardo Zaplana, que ostentó no pocos cargos políticos y que dijo :" yo estoy en política para forrarme", y las sistemáticas subidas de sueldos por parte de los cargos públicos como primera medida al ocupar el cargo, como el alcalde de Oza-Cesuras, que se subió un sueldo un 257% en un municipio con bastantes dificultades, o el Alcalde de Cortes de la Frontera, que aumentó su sueldo en 1.600 Euros al ocupar el cargo, y muchísimos otros cargos que nos hacen creer férreamente en que la política es una vocación guiada por la avaricia más que por la solidaridad, lo cual lleva al país a estos límites. Con este epígrafe solo trato de expresar mi más sincera voluntad de que la política se considere una profesión digna, apartada de personas que buscan más llenar los bolsillos que arreglar las cosas, para lo cual son necesarias varias cosas, entre las cuales destaco un cambio en la educación social de las personas que sirva para respetar solemnemente los cargos de este tipo.

Tristemente, llegar a esos niveles de educación social no es tarea de dos días, principalmente porque en España ya existe una educación social inculcada desde hace bastantes décadas que fomentan valores muy poco honestos, y la principal radiografía de la educación social de los ciudadanos españoles, como bien dice D. Julio Anguita, son nuestros cargos públicos. Es por ello por lo que considero que si queremos hacer de la actividad política una actividad dirigida por personas honestas y formadas, debemos legislar en este sentido, restringiendo el acceso a estas profesiones a personas sin preparación o deshonestas, de la misma forma que se hace con los miembros del poder judicial, que al fin y al cabo son también un poder del estado.

4.3.1 B) Los altos cargos políticos tras el mandato

Una cosa es clara: En España los ciudadanos tienen precedentes suficientes para desconfiar de la honestidad y los objetivos de una persona que entra en política : Recordemos a Zaplana. Si a ello le sumamos la muy extensa lista de cargos políticos que al finalizar su mandato pasan a formar parte de las filas de grandes empresas a las que en algún momento les tuvo que afectar, generalmente de forma positiva las decisiones del gobierno en cuestión, tenemos un auténtico cocktail de desconfianza fundada.

Así pues, considero que una de las medidas que se podrían tomar legislativamente hablando para aumentar en el valor "transparencia" de la gestión de los gobernantes, es la de restringir por completo la participación de aquellos cargos políticos, familiares y afines hasta el cuarto grado, amigos manifiestos, superiores y subordinados del cargo, o terceros que influyeran en decisiones del gobierno para con las empresas, en la participación directa o indirecta en las actividades empresariales en sectores estratégicos como son transportes, gas, negocio de la banca, electricidad, telecomunicaciones etcétera, que tan sensibles son para los ciudadanos y que tanto pueden sufrir la tiranía del capitalismo más egoísta en sus carnes. Esto se debe a una razón de lógica democrática incontestable, y es que las decisiones del gobierno afectan directamente a los intereses de las empresas, debido a que el mercado y todos sus condicionantes están tasados legislativamente, sin mencionar las medidas que puede tomar directamente mediante decretos el propio gobierno.

Por lo tanto, teniendo en cuenta que en teoría los cargos

políticos están sometidos a cumplir la voluntad del pueblo y con ello a conseguir sus intereses, a la vez que valoramos que el ciudadano es cliente de las empresas, cabe muy poco o ningún margen de error por parte del poder político para quedar excluido del conflicto de intereses que puede surgir ante la posibilidad de una oferta indiscreta por parte del ente empresarial, como pasar a formar parte de las filas de su consejo de administración con la consecuente prima económica que ello conllevaría. Posibilidad que de hecho ha quedado patente ser más que posible.

Como he dicho, la lista de políticos que hoy en día ostentan cargos en grandes empresas privadas, es extensa (20 ex- ministros y dos ex- presidentes del gobierno, según "20minutos.com"), y el análisis de las causas y consecuencias de estas contrataciones daría para realizar una tesis doctoral en derecho constitucional y puede que administrativo. En cualquier caso, podríamos hablar de Ángel Acebes, ex-ministro de interior, que ha pasado recientemente a ocupar el cargo de consejero externo de Iberdrola; A su vez, Endesa fichó a Elena Salgado, ex- vicepresidenta del gobierno, cuyos servicios son retribuidos entre los 35.000 y los 70.000 Euros; La entidad Financiera Barclays España ha fichado al ex- vicepresidente económico del gobierno, Pedro Solbes, cuyos beneficios, según los propios informes de la entidad en 2009, no bajarían de los 70.000 Euros, pudiendo llegar a los 280.000 Euros; Otro de los casos sonados fue el de la incorporación de Rodrigo Rato, quien fue ex -vicepresidente del gobierno y Ministro de Economía durante el mandato de Aznar, a la empresa Telefónica, para realizar funciones de representación en Latinoamérica, por lo que cobraba 100.000 Euros anuales solamente en concepto de dietas. Un dato curioso que leí en "librered.net", es que en 2008, el 8% de los consejeros del IBEX 35, eran antiguos cargos políticos, aumentando el índice hasta el 9,2 en 2010. A mi personalmente me cuesta creer que empresas con tan alto volumen de ventas, tan competidoras y competentes, hayan visto potencial empresarial o económico en los responsables de la mayor crisis económica en tantos años. En cualquier caso y para saciar las ansias de conocimiento morboso del lector, adjunto una tabla elaborada por el periódico digital "20minutos", en el que se muestra detalladamente el político, el partido y la empresa en la que han aterrizado:

● Las colocaciones de los exministros
FUENTE: elaboración propia.

NOMBRE	PARTIDO	EMPRESA
Ángel Acebes	PP	Iberdrola
María Ángeles Amador	PSOE	Red Eléctrica Española
José María Aznar	PP	Endesa
Josep Borrell	PSOE	Abengoa
Miguel Boyer	PSOE	Red Eléctrica Española
Luis Carlos Croissier	PSOE	Repsol
Felipe González	PSOE	Gas Natural
Luis Martínez Noval	PSOE	HC Energía
Abel Matutes	PP	Banco Santander
Marcelino Oreja	UCD y PP	FCC
Ana Palacio	PP	HC Energía
Manuel Pimentel	PP	Baker&McKenzie
Josep Piqué	PP	Vueling/EADS
Rodrigo Rato	PP	Caja Madrid
Matías Rodríguez Inciarte	UCD	Banco Santander
Elena Salgado	PSOE	Endesa
Eduardo Serra	PP	Everis
Jordi Sevilla	PSOE	PwC
Javier Solana	PSOE	Acciona
Pedro Solbes	PSOE	Enel/Endesa
Isabel Tocino	PP	Banco Santander
Eduardo Zaplana	PP	Telefónica

*Breve elenco de varios cargos políticos que han recalado en importantes empresas privadas

Para dar una explicación al interés de las empresas en estos altos cargos políticos podemos usar dos teorías : La teoría de las propias empresas , y la verdadera. Según las empresas, "la amplia carrera de los políticos les dotan de un conocimiento extenso en el ámbito regulatorio, así como sobre el funcionamiento de las instituciones públicas". Este argumento choca sin embargo frontalmente con una tesis doctoral elaborada por Pau Castells en la Universitat Autònoma de Barcelona, con la que demuestra que existe una correlación negativa entre la incursión en las empresas por parte de políticos, a través del comportamiento accionarial, con lo cual, no parece haber en ningún caso una relación directa entre el beneficio de las empresas y el nombramiento de los cargos políticos en las mismas. Es por ello que la realidad es mucho más coherente, y para darle explicación, usaré los dos casos más conocidos en este sentido, el de los dos ex-presidentes del gobierno, D. Felipe González (PSoe), y D. José María Aznar (Pp), los cuales son consejero independiente y asesor externo, respectivamente, de las empresas de Gas Natural y Endesa.

Hablemos de D.Felipe González. Fue nombrado consejero de Gas Natural (empresa que el mismo se encargó de privatizar), cargo con el que pasaría a embolsarse unos 130.000 Euros anuales. En diciembre de 2012, un año después de aceptar Felipe González el cargo, dimitió de otro cargo que tenía como consejero de la administración del Parque Nacional de Doñana. Es decir, su función, hasta ese momento, era la de velar por el interés del parque, por su integridad y protección. En enero de 2013, es decir, un mes después de su dimisión en el consejo del parque Doñana, el ministerio de ambiente dio luz verde a un proyecto de producción y almacenaje de gas en el entorno del Parque Nacional, proyecto que se le ha adjudicado a la empresa de la que González es consejero. Según Equo, la construcción de los siete pozos y 25 kilómetros de gasoductos es incompatible con la protección del ecosistema de Doñana e incluso pondrá en peligro especies como el Lince Ibérico. Lógicamente aquí la empresa se ha nutrido de la influencia de D. Felipe González, y es este y solamente este, el motivo por el que las empresas introducen en sus filas a altos cargos políticos, y ante tal abrumadora evidencia, no hay tesis serias que puedan sostener lo contrario.

Si no obstante a ello se requieren más datos, controvertido es también el caso de D. José María Aznar, que se embolsa unos 200.000 Euros anuales por sus actividades de asesor externo para iberoamérica de Endesa. La empresa sufrió un largo periodo de privatización (1988- 1998), es decir, la empresa, que era pública, pasó a servir los intereses de entidades privadas, con el consecuente beneficio que se obtendría de la empresa si era (que resultó ser), rentable. La empresa terminó de privatizarse gracias a un rápido y especial interés que puso el entonces Presidente del Gobierno, José María Aznar, que culminó la privatización en su segundo año de mandato.

Así las cosas, vayamos por partes: Es evidente que existe una relación de interés mutuo por parte de las empresas y los altos cargos políticos por unir lazos por la especial vulneración empresarial ante decisiones del gobierno, con lo que un pacto en este sentido, ayudaría a la empresa a conseguir sus objetivos y enriquecería al cargo político en cuestión. También lo es que las empresas en las que finalmente acaban los cargos políticos son empresas no solamente solventes, sino con altos índices de beneficios. Empresas como Endesa, Gas Natural, Acciona, Banco Santander, Telefónica o Repsol, tienen en común que tienen cargos políticos en sus filas y que pertenecen al IBEX 35, con lo que prohibir estas relaciones no solamente no perjudicaría a las empresas por lo analizado por el doctor Castells en la tesis comentada, sino que además su solvencia se mantendría inmutada. Por lo que respecta a los ex-ministros y ex-presidentes y vicepresidentes de gobierno, nadie puede decir que cerrar esta puerta a los políticos en cuestión supone abandonarlos en la inmundicia, sobre todo teniendo en cuenta que, independientemente de otras posibles opciones laborales que se les puedan ofrecer, que no serán pocas teniendo en cuenta lo bien que pinta en el curriculum haber sido ministro de un gobierno, tendrán un sueldo mensual de unos 4.600 Euros durante dos años para asegurarse de que no tendrá ningún problema de sobrevivir y buscar un buen empleo en ese tiempo, sobres aparte.

Para concluir, quiero hacer un matiz importante sobre la cuestión legislativa a este respecto, y es que no soy yo quien haya juzgado que existe un claro conflicto de intereses que perjudica a los ciudadanos y a terceras empresas que puedan ver dañada la competencia en función de decisiones sobre las que influye un cargo político desde una empresa o incluso siendo ministro o presidente. Lo dice la ley 5/2006 de 10 de abril que regula los conflictos de intereses de los altos cargos del gobierno y de la administración general del estado. Y de hecho, esta ley, en su art. 8 restringe la posibilidad de estas personas de involucrarse en empresas privadas. El problema es que se ha legislado solo en apariencia, porque si leemos el artículo, descubriremos que la prohibición cesa a los dos años. ¿A caso existe alguien en este mundo que crea que la influencia de un político sobre el gobierno cesa a los dos años, más aún conociendo el ejemplo del señor D. Felipe González?. La parte difícil en este asunto, realmente ya está conseguida, que es que una ley reconozca el derecho legítimo de los ciudadanos de vivir en una sociedad donde las empresas privadas no se puedan ver injustamente beneficiadas por la influencia de cargos políticos que tienen a sueldo, en un claro perjuicio de la competencia entre empresas, de los ciudadanos, y del propio sistema democrático. Ahora solo falta que alguien de un paso y eleve límite temporal de 2 años a siempre, por lo menos en sectores estratégicos, y que se restrinja también la participación a familiares y afines hasta el cuarto grado, cónyuge, amigos manifiestos y cualquier persona que por una estrecha relación profesional o personal con el político en cuestión pueda influir injustamente en las decisiones políticas del gobierno en favor de las entidades privadas. El objetivo es, siempre, ganar transparencia.

4.3.2 La preparación de la clase política

Cualquier oficio que se precie, como el de policía, abogado, médico, fontanero, electricista, administrativo, contable, etc., requiere de una preparación previa para poder desempeñar las funciones correctamente. Esto responde a una lógica incontestable de eficiencia profesional. Sin embargo, a la hora de hablar de los políticos españoles, nos encontramos con que son uno de los principales problemas para el ciudadano, que lo ve más como un problema que como una solución. Quizá esto sea por la escasa preparación que se exige para ello. Según el art. 11 de la ley 50/1997 del Gobierno, son requisitos para formar parte del mismo : ser español, mayor de edad, disfrutar de los derechos de sufragio activo y pasivo, así como no estar inhabilitado para ejercer empleo o cargo público por sentencia judicial.

Por su parte, la ley 6/1997 de funcionamiento y organización de la Administración General del estado, establece en su art. 6 que los órganos superiores de gobierno (ministros y secretarios de estado), y órganos directivos (subsecretarios, secretarios generales, secretarios generales técnicos, subdelegados del gobierno, embajadores, y representantes ante organismos internacionales), serán elegidos a tenor de su "competencia profesional y experiencia", siendo estos términos conocidos en el mundo del derecho como conceptos jurídicos indeterminados, que son tan elásticos como la voluntad de los encargados de colocar en esos puestos quieran.

Así pues, desde el punto de vista de la preparación, considero que es de vital importancia legislar con el objetivo de que personas que ostentan un cargo tan importante, tengan los conocimientos elementales necesarios para desarrollar de forma más eficaz sus labores. De la misma forma que a un juez se le exige tener una preparación, si bien es cierto que los conocimientos que se requieren para ello son más técnicos, considero que el pueblo debe demandar una preparación política elemental. En el panorama actual, nos encontramos con que diputados y diputadas de nuestra cámara legislativa no tienen ninguna preparación contrastada para desempeñar las funciones que desempeñan. Estoy pensando en la señora Doña Rosa Díez, fundadora y portavoz de UpyD de la que consta tiene únicamente preparación como administrativa, Don Toni Cantó, del mismo partido, que ha cursado estudios de arte dramático, Doña Celia Villalobos, vicepresidenta primera del Congreso, que a su vez fue ministra de sanidad con D.J.M. Aznar. Durante los años de mandato de D.J.L. Rodríguez Zapatero fueron también muy sonados los casos de José Blanco (ministro de fomento) o Celestino Corbacho (ministro de trabajo), de los cuales no consta que hubieran realizado estudios superiores y desde luego, continuar con la larga lista de ejemplos podría parecer un intento indiscriminado por mi parte de aumentar el número de páginas de este ensayo.

Trabajar en este sentido, es fomentar la meritocracia, así como privar de la tentativa de hacer negocio con la política cuando no se es apto para realizar otras labores en las que si se exigen conocimientos técnicos que no hemos podido alcanzar.

Y todo ello, responde a una lógica de gestión democrática en la que nos preguntamos si verdaderamente no tenemos derecho a exigir que nuestros representantes políticos tengan una preparación básica.

Es en este punto cuando exijo al lector que se aleje de populismos baratos en el que se alegue la insuficiencia de posibilidades económicas por parte de la familia del aspirante a diputado (por ejemplo) en cuestión, por dos motivos : En primer lugar, porque posiblemente esa insuficiencia económica que sufrió se pudo haber erradicado o paliado con una mejor gestión de la política económica en ese momento, si la hubiesen desarrollado personas de las cuales se hubiese podido contrastar sus conocimientos económicos, y en segundo lugar porque no son los políticos en potencia los únicos que verían sus sueños rotos a causa de esa insuficiencia de recursos, razón por la cual hay muchos profesionales que desarrollan labores que no les llenan como personas debido a este motivo. Nadie niega, ni muchísimo menos, que muchas personas que desarrollan labores muy alejadas de la gestión política no hubiesen podido ser buenos profesionales de la política para desempeñar esas labores. Sin embargo, considero que en el congreso deben estar los mejores, y la calidad, aquí y en cualquier parte del mundo, se demuestra mediante organismos de control académico como las universidades, que avalan los conocimientos de la persona en cuestión.

No es sin embargo la universidad la idea que tengo en mente. Considero que no tiene porque ser la universidad la que avale la capacidad de gestión política de una persona, principalmente porque un licenciado en geografía y un estudiante recién salido del bachillerato tendrían exactamente la misma base académica para desenvolverse en las instituciones políticas: nula. De hecho podemos estar bastante de acuerdo en que ni siquiera un recién licenciado en derecho pueda tener estos conocimientos. Datos publicados por el grupo de investigación DASP (democracia y Autonomías, Sociedad y Política), dicen que Partido Popular ostenta un 89% de titulados universitarios, Partido Socialista un 88% y solo Izquierda Unida y Convergencia i unió alcanzan un 100%.

Sin embargo, se confunde aquí el concepto de titulación universitaria con el de conocimientos aptos para la gestión política, puesto que no necesariamente han de ir de la mano, como he dejado patente con la comparativa de herramientas que maneja un licenciad en geografía y un estudiante de bachillerato. Como decía un titular que recientemente he leído en "Eleconomista.com", "El político español tiene un alto nivel de educación, pero no está preparado para gobernar". Les falta, según el catedrático en comunicación política, Xavier Coller, formación especializada. En mi opinión, se deberían desarrollar unas áreas para la preparación de los futuribles cargos políticos, con la excepción de las concejalías (que no de los alcaldes), de las cuales considero que debido a la menor repercusión social de las labores que desarrollan, estas pueden ser gestionadas con personas con un nivel técnico inferior, y aunque tampoco estaría de más, considero que establecer el requisito en el resto, sería suficiente para establecer un término medio en el nivel de preparación de los cargos políticos. No significa ello que los concejales no deban tener unos conocimientos mínimos de la materia que manejan, ni mucho menos.

En este sentido creo que los concejales deberían, obligatoriamente, tener conocimientos sobre la concejalía que dirigen. Un concejal de fomento, debería tener una titulación no universitaria media o superior, o universitaria relacionada con la ingeniería, uno de deportes, debería ser un profesional del deporte como un profesor de educación física, un entrenador de baloncesto, o un animador sociocultural, un concejal de empleo, debería tener conocimientos en derecho laboral o economía, un concejal de agricultura, debería ser un agricultor. Personalmente, recordaré siempre un hecho anecdótico sucedido en mi municipio, Santa María de Guía de Gran Canaria, donde para las elecciones municipales de 2012, el Psoe se presentó con una lista de aspirantes a concejales entre los que figuraban una violinista, un estudiante de primero de derecho, una cuidadora de guaguas escolares y demás personas con ocupaciones tan respetables como poco prácticas, con lo que no tengo reparo alguno en decir que debe ser exigible, por razones de práctica y de economía, como bien trataré en el epígrafe referido a los asesores políticos, y en concreto, de los concejales, que a estos cargos se les exija preparación específica como garante principal del buen desenvolver de sus actividades.

Para garantizar la calidad de los representantes públicos, yo propongo la creación de centros dirigidos a la preparación política. Esta "academia" que bien podría ser un ciclo de grado superior, en mi modelo ideal de preparación de cargos públicos, debería ser accesible solamente para aquellas personas que hayan superado los estudios de Bachillerato, sin opción de hacerlo de ninguna otra forma. Considero que es justo admitir que, aún con las deficiencias de nuestro sistema educativo, las personas que han obtenido un título de bachillerato tienen una mejor orientación para ser educados en este sentido, y aún para aquellas personas que por cualquier motivo no hubiesen podido finalizar el bachillerato en su momento, tienen a su disposición medios sobrados para poder finalizarlos posteriormente y de manera mucho más sencilla, con lo que superar el reto de aprobarlo, es un primer paso para demostrar las ganas y la aptitud que se tienen para desarrollar la actividad política. Esta academia debería tener una duración de unos tres años, en la que se impartan lecciones de derecho en sus más diversas áreas, microeconomía, macroeconomía, gestión administrativa, oratoria, inglés, informática etc, todo ello con un sistema de convalidaciones respeto a otros estudios, debidamente medido.

Finalmente, los aspirantes deberían superar un examen de nivel para acreditar que verdaderamente están preparados para desarrollar esas funciones con eficacia, momento en el cual podrán ser propuestos por los partidos políticos para ocupar estos cargos en los parlamentos autonómicos, el Congreso, o el Senado. Por cuanto se refiere a los aspirantes a ministros, Presidentes y Vicepresidentes de Gobierno, ya que van a ostentar un cargo cuyo prestigio y responsabilidad son exponencialmente superiores al de cualquier otro diputado o parlamentario autonómico, considero que los requisitos para acceder al cargo si deberían pasar por la necesidad de tener una titulación universitaria relacionada con la cartera que ocupen (además de haber superado esta titulación alternativa para obtener conocimientos básicos que sirvan para ayudar al político a desarrollar sus actividades). Por ejemplo, a un Ministro de Agricultura y Medio Ambiente, se le podría exigir una titulación en ciencias ambientales, a un Ministro de Eduación, Cultura y Deporte, un título en Magisterio, a un Ministro de Hacienda, una titulación en Economía, Empresariales o Administración de Empresa, a un Ministro de Fomento, una titulación en ingeniería civil, a un Ministro en Industria y Energía, una titulación en Ingeniería Industrial, etc.

Así conseguiremos que los Ministros controlen los conocimientos sustantivos del ministerio que coordinen, obtenidos a través de la titulación universitaria, y los aspecto jurídicos y administrativos necesarios para abordar con raciocinio, con autoridad, seguridad y eficacia, sus labores. Considero además que esta exigencia para con los políticos de que tengan conocimientos básicos, es una idea que todos tenemos en nuestro interior aún sin exteriorizarlo, supongo que por miedo a que se le linche a uno. Algún escritor de crítica social como es el caso de Luis Garicano ,catedrático de economía por la London School of Economics, en su libro "El dilema de España", incide sobre lo que él llama "la preparación de las élites", de forma muy similar a la mía, en cuanto a que es legítimo exigir preparación por parte de nuestros representantes, llegando incluso a admitir que las élites deben ser "excelentes", para lo cual propone una solución que puede resultar espinosa, pero que puedo entender perfectamente. Él habla de que la calidad se paga, y hace una comparativa entre el sueldo del presidente de España (78.000 Euros/ año) y el sueldo de presidentes de países situados en la élite mundial, como el caso del presidente Francés (260.000 Euros/ año), la Presidenta Alemana (292.000 Euros /año), el presidente Inglés (384.000 Euros /año) o el presidente Americano (494.000 Euros /año). Comparto la tesis de que si queremos calidad, debemos pagarla, si no, nos arriesgamos a que los mejores se decanten, como es lógico por opciones más rentables que ocupar un cargo público no lo suficientemente bien retribuido, pero a la vez esto se tiene que complementar con un control sobre los conocimientos del aspirante. El sueldo estaría más que ganado.

El mejor ejemplo de lo que estoy contando es D. Julio Anguita, por el que siento una profunda admiración como político, al que le preguntaron en una ocasión si estaba conforme con que D. Cayo Lara fuera el secretario general del grupo Izquierda Unida, a lo que el entrevistado respondió que sí, alegando que sobretodo le agradaba el hecho de que fuera una persona que no paraba de estudiar, actualizarse y adquirir conocimientos. D. Cayo Lara es agricultor de profesión, y ello no significa que no pueda ser una persona competente para desarrollar la labor política que desempeña, y no significa esto principalmente, porque es una persona que se preocupa en adquirir conocimientos para ser más competente en el ejercicio de sus funciones. Esto, que es algo que parece tan básico, es, sin embargo, una excepción a la regla de que para estar en el parlamento, no es necesario tener conocimientos políticos básicos, así que siguiendo la misma metodología racional de D. Julio Anguita, considero que institucionalizando este tipo de centros oficiales de preparación de políticos, estamos consiguiendo lo que D. Julio Anguita también ve acertado, que es que un buen político, debe estar preparado.

Soy conocedor de que la principal tesis detractora de la expuesta brevemente por mí en estas líneas pasa por establecer que exigir estos requisitos a los aspirantes políticos, supone quebrar de alguna forma la tan romántica como rancia idea de que el pueblo en su más pura esencia debe tomar las riendas del estado. Sin embargo, ni es eso lo que está sucediendo (como he expuesto no es la voluntad del pueblo la que se está abordando), ni estoy de acuerdo con que la esencia del pueblo, como norma general, se tenga que identificar con una masa de personas incapaces de prepararse para ser competentes en sus labores. Esa idea romántica de la que hablo, en la que se amalgamaba la idea de la democracia con la de que cualquier persona del pueblo, sin tener en cuenta ninguna clase de requisito académico, se forjó probablemente durante la Revolución Francesa, donde un pueblo sin preparación de ningún tipo se alzó contra la casta de gobernantes elitistas y aristocráticos. Ese modelo de democracia trajo consigo el carácter de igualdad, que establecía un principio rector muy claro, y es que cualquier persona, con independencia de su preparación, tiene el mismo derecho que otro a participar en la vida política de un país.

Sin embargo, no son estas las condiciones sociales, culturales, políticas y fácticas de nuestra sociedad, con lo cual debemos abandonar esa idea para avanzar en el buen sentido, sin que suponga ello una ruptura del principio de la igualdad. Al fin y al cabo, objetivamente hablando, cualquier persona que desempeñe cualquier tarea, lo hará mejor si ha obtenido una preparación previa para ello. Y es una regla general que sirve para profesores, médicos, abogados, policías, profesionales del deporte, y por supuesto, políticos. Yo Creo firmemente en el potencial de las personas españolas, y considero que cualquier país que busque realmente un avance social, abandonará la idea de gobernar los países con el corazón para pasar a la mucho más eficaz idea de gobernarlas con el cerebro, no buscando con ello un rancio elitismo que restrinja el poder a unos cuantos, puesto que la educación académica está al alcance de la gran mayoría, sino buscando el abordar la realidad incontestable de que un gobernante tiene que trabajar por el bien común, y se trabaja mejor y se obtienen mejores resultados, sabiendo qué se hace.

Tanto es así, que en países como estados Unidos se aboga también por la necesidad de preparar a los cargos políticos para que desempeñen correctamente sus funciones, mediante una serie de cursos a posteriori de la elección. El problema de este método es que el método se limita a intentar preparar a los cargos políticos, pues una vez elegido, ese curso, sea beneficioso o no, no cambiará el hecho de que ya ha ocupado el cargo, por lo tanto el objetivo del método puede no resultar satisfactorio, pero en cualquier caso, se ven ya ejemplos como este en el que al menos se intenta trabajar en este sentido. Como bien decía Platón en "La República", en uno de sus diálogos con su discípulo Glaucón, "el perfecto gobernante tiene que tener conocimientos de cálculo, números, geometría, astronomía y dialéctica". Una idea que hemos de amoldar a nuestros días, pero sin quebrantar la esencia de las ideas que se empezaron a forjar en la ciudad donde, por cierto, se acuñó el término "democracia".

4.3.3. La honestidad como principio fundamental del político.

No conviene generar en nuestro fuero interno la idea de que toda la clase política está corrupta, ni la de que eliminando a la clase política corrupta de nuestro país, se van a solucionar los problemas. Los problemas de España son sobre todo, económicos, y ni con todo el dinero robado y derrochado por los cargos políticos responsables de ello, se podría llegar a cubrir una porción pequeña de nuestro problema económico. Sin embargo, no es menos cierto que un político honesto, es un político que actúa bajo unos principios morales y éticos que de un lado, le impedirían corromperse hasta el punto de meter en su bolsillo cosas que no debe, y de otro, le motivarían a trabajar por el bien común, llevando a cabo las labores de la forma que desean los ciudadanos: correctamente.

Es por ello por lo que considero que la honestidad debería ser "condictio sine qua non" de un cargo político, y si bien es cierto que la honestidad no se puede medir cuantitativamente, y que por lo tanto no se puede hacer un examen de honestidad para ostentar estos cargos, no es menos cierto que son los propios actos de las personas los que delimitan el horizonte de la honestidad en ellos. Así pues, considero que los cargos políticos deberían estar sometidos a un rígido código ético y disciplinario que deberían respetar para seguir ocupando el cargo, desde el Presidente del Gobierno, hasta el último concejal de España. Este código ético, que se debe elevar a la categoría de los imperativos con fuerza de ley y con responsabilidades políticas concretas, debería valorar un elenco de conductas que atenten contra los valores de la democracia, la profesionalidad, el decoro, etc. En resumen, hacer de la figura del político una figura respetable. No concibo un estado ordenado en el que los gobernantes no se hagan merecedores del respeto que se tienen que merecer, por lo tanto, dado que el perfil del político español ha derivado en una concepción generalizada de que el político es un ladrón, un sinvergüenza, y en resumen una persona deshonesta, considero que es de vital importancia erradicar ciertos comportamientos por parte de los políticos para que esto cambie. Lógicamente pienso en un primer lugar en todas aquellas conductas delictivas que hacen de la democracia un circo barato, pero voy más allá e incluyo ausencias injustificadas a los puestos de trabajo, malos gestos de cara al público, contactos privados con las empresas que puedan hacer dudar sobre las buenas intenciones del político en cuestión, etc. Todas ellas castigadas con la expulsión del cargo que ostente, de forma que quienes barajen la posibilidad de usar el escaño (por poner un ejemplo) para nutrirse de él económicamente más allá de los salarios legítimamente establecidos, o aquellos que en definitiva barajen el cometer una de las acciones que acabo de nombrar, se lo piensen dos veces, por el riesgo que supone perder el tan bien remunerado y considerado empleo que ostentan, y por la vergüenza de ser expulsado de un cargo público por llevar a cabo según qué actividades.

Procesalmente hablando, y dado que no podemos confundir la responsabilidad penal de los autores de delitos en el ámbito político con la responsabilidad política que de ellos se derivaría, considero que lo más apropiado sería reformar la Constitución española en el Título III (De las Cortes), para incluir el principio de la honestidad de los cargos políticos encomendando su futuro desarrollo mediante Ley Orgánica y ordenando la supervisión de su cumplimiento al Tribunal Constitucional mediante un proceso de Urgencia. Con ello aumentaríamos los parámetros de integridad de los cargos políticos y a su vez la eficacia de nuestro sistema democrático.

Este principio de honestidad del que hablo, viene a abordar también un problema sustancial que personalmente, me indigna muchísimo, y es la imposibilidad de remover del cargo a un político en virtud de un articulado que tipifique que conductas merecen esta sanción, y la mayoría de destituciones que podemos presenciar, son dimisiones fruto de presiones que reciben los mismos desde su propio grupo político. Esta iniciativa que aquí planteo, no es la primera vez que se plantea dentro de Europa; El vice primer ministro Británico, Nick Clegg, indignado por lo que el mismo denominó "la parte enferma de la política británica", propuso que los diputados pudieran ser despedidos si así lo decide un número suficiente de votantes en su circunscripción. Yo, por mi parte considero que la decisión de cesar a un Diputado, Senador, Congresista, Delegado del Gobierno, Parlamentario Autonómico, Alcalde, Concejal, etc, es una tarea muy delicada para ser tomada por los votantes, y que debe ser acordada por un tribunal que garantice los derechos procesales elementales de cualquier persona, aunque el fondo de la idea, es exactamente igual.

4.3.4 Cantidad de cargos políticos y asesores. Enchufismo.

Como bien se está comprobando a lo largo del ensayo, se están poniendo de manifiesto las cuestiones que hacen del estado español, un absurdo a nivel político. Como he expuesto, pienso que la política de un país ha de buscar los mismos objetivos de eficacia, eficiencia y efectividad que busca una empresa, para conseguir avanzar en la buena dirección. En el momento en el que falla uno de estos tres requisitos, la política pasa de ser perfecta, a ser, como en el caso de España, evidentemente mejorable. Desde el punto de vista de la eficiencia, se busca que unos medios concretos, tengan el mejor resultado posible. En el caso de la política, entendemos que estos medios están representados por todo el entramado político, desde sus instituciones hasta cada uno de sus miembros, y el resultado, una mejora en las condiciones de vida de los ciudadanos. Así pues, y atendiendo a los números, España es un país muy deficiente en este sentido, puesto que la relación entre medios y el fin, resulta perjudicada si la comparamos con otros países del entorno. Como apunta el escritor Andrés Ortega en su libro "Recomponer la democracia", "casi todos los ensayos de diagnosis política en España, coinciden en señalar a la clase política como un factor fundamental. Son muchos, de mala calidad, y no nos respetan" .Se habla de Alemania como referente en este sentido, aunque personalmente considero que los sistemas nórdicos están mejor construidos. No obstante, Alemania, Francia e Inglaterra serán los referentes que utilizaré en la comparación por asemejarse más a nuestro modo de entender la política.

Los datos en este sentido pueden sin embargo ser confusos, sobretodo porque no existe ningún documento oficial que acredite la cifra de cargos políticos a nivel nacional, así que nos tenemos que guiar de estimaciones hechas por unas y otras fuentes. Según datos de la web "comparativadebancos.com" en concordancia con otras muchas opiniones de su misma línea, España es un país de 47 Millones de Personas, de las cuales 450.000 son políticos (1 de cada 100). En comparación con Alemania, las cifras serían, evidentemente exageradas, pues habitan 81 Millones de personas, de las cuales 100.000 son políticos (1 de cada 1.000). Otros datos aportados por la abogada del estado Elisa de la Nuez en El País, la reducían a 300.000. Estos datos, sin embargo, se consideran tendenciosos y abultados por otra corriente a la que personalmente doy más credibilidad por la prudencia de sus cifras. Según el columnista del diario virtual "Eldiario.es", Ferrán Martínez i Coma, el número ronda los 160.000 cargos. No obstante, considero que criticar una conducta con datos oficiales, da aún mayor rigor a estas líneas. Por ello adjunto una tabla elaborada de forma eventual por el Tribunal de Cuentas en apoyo del Ministerio de Economía, que desglosando la jerarquía política, cierra las cuentas en la cifra de 122.021.

Tabla 1. Cargos políticos representativos y ejecutivos según tipo de cargo y nivel

	Representantes electos	Gobiernos (alt. carg.)	Asesores Parlam+Ejecutivo	Organismos	Total
Central	616	455	1.084	780	2.935
Autonómico	1.268	1.827	2.768	8.280	14.143
Provincial	373	-	2.500 (*)	-	2.873
Municipal	68.230	-	17.000	16.635	101.865
Europeo	54	1	150	(*)	205
Total	70.541	2.283	23.502	25.695	122.021

*Tabla de Cargos políticos representativos y ejecutivos según tipo de cargo y nivel. Debemos aclarar que en la table no figuran cargos en organismos internacionales ni asesores

Ciertamente, un gran número de cargos municipales de los que ahí computan, lo son de municipios de menos de 5.000 habitantes, con lo que muchos tan siquiera cobran. Pero el problema se centra en el ámbito nacional, autonómico y provincial, donde el gran número de cargos públicos y de asesores convierten el sistema político en un oscuro entramado de intereses privados y derroche. El escritor Andrés Ortega, compara esta cifra con el número de políticos en Gran Bretaña, que ronda aproximadamente los 30.000. Así pues, España, un país de 47 millones de personas, está gestionado por 125.000 cargos públicos. Alemania, un país de

81. millones, por 100.000, y Gran Bretaña, con 58 millones, está gestionada por 30.000 cargos públicos. Las proporciones indican, a todas luces, que en España se ha optado por abultar el número de cargos públicos sin necesidad alguna, más cuando nuestro país, en comparación con estos dos colosos de la actual sociedad, deja bastante que desear, lo cual se traduce en la antítesis de la eficiencia democrática.

Estos datos, ¿En qué perjudican exactamente al sistema?: En primer lugar, suponen un gasto económico importante, pues es bien sabido que los cargos públicos están bien remunerados. En segundo lugar, suponen una complejidad administrativa importante, que junto con el sistema de comunidades autónomas, hacen que sean más personas y organismos los que demanden para unos u otros, unas u otras competencias. Por último provocan un malestar social por parte de los más perjudicados por nuestro sistema, que tenderán a asociar la imagen del político (y con mucha razón), con la de la persona avara y que persigue intereses privados más que públicos, con la consiguiente degradación de la profesión política, profesión que realmente es necesaria para la gestión de un estado. Este repudio hacia la clase política ha quedado constatado en las encuestas elaboradas por el CIS, que destapan que para los ciudadanos , el primer problema del país es la clase política, con un 22,5 %.

La cuestión se agrava sin embargo, si en el cómputo añadimos a asesores de cargos públicos y otros cargos de confianza. Según datos de "Eleconomista.com", el número rondaría los 400.000 cargos, lo cual supera la sumatoria de policías, médicos y bomberos a nivel nacional. Y si bien es cierto que estos no son figuras políticas propiamente dichas, no es menos cierto que están directamente ligados a esa actividad, que cobran de las arcas, y que la reducción de este número de empleados está supeditada a una reducción directa de cargos públicos. Indudablemente, este gran número de asesores cumple una función cuanto menos, curiosa. Comencemos aclarando que un asesor es un experto en un campo determinado que ayuda al cargo político en cuestión a manejar los aspectos técnicos del área en la que se desenvuelve, con lo cual volvemos a la cuestión meritocrática de la que ya hemos hablado, y a través de la cual he explicado ya que los cargos políticos deben tener esa preparación antes de acceder al cargo por motivos prácticos y económicos, pues los asesores cobran de las arcas públicas. Para ejemplificar la envergadura del problema de los asesores, acudamos a un documento oficial redactado por el Ayuntamiento de Madrid , más en concreto por el área de gobierno de hacienda y de administración pública sobre el número y retribuciones de directivos el 1 de Febrero de 2012. En este documento se destapa que este ayuntamiento cuenta con 254 asesores (denominados aquí "eventuales"), de los cuales 93 trabajan como asesores de concejales, que son 57 (con una retribución media de 40.000 Euros). Los otros 161 trabajan para la administración del propio gobierno (con una retribución media de 51.000 euros). Lógicamente el ejemplo del Ayuntamiento de Madrid no es válido para todos los ayuntamientos de España, por ser este especialmente grande, donde hay más concejales y donde los asesores cobran especialmente bien. Sin embargo, es esta la dinámica sistemática en los ayuntamientos de España, que hacen de la política, un negocio para satisfacer intereses particulares.

    La solución a este problema de logística pasa principalmente por reubicar todo el sistema político, ya que el problema es todo el entramado en sí. Considero que fundamentalmente la abolición del estado de comunidades autónomas establecido en nuestra Constitución, que ha dado unos resultados tan desastrosos, para pasar a un estado federalizado como Alemania, es una de las principales soluciones para rebajar el número de cargos políticos, aunque del estado federal ya hablaré más adelante. Por supuesto erradicar instituciones de dudosa utilidad práctica como el Senado, y circunscribir los ayuntamientos en zonas geográficas más amplias , como si se tratara de partidos judiciales, de forma que un ayuntamiento pudiese gobernar en varios municipios a la vez. De hecho, el ministro de Economía y Competitividad Luis de Guindos ha admitido que "España tiene un número de ayuntamientos muy superior en comparación a países con nuestra población". España tiene 8.116 Ayuntamientos, que es a todas luces, un número exacerbado de ellos. Ya otros países como Italia o Grecia han reducido el número de Ayuntamientos, fusionándose estos con otros mayores, con lo que se espera un ahorro de 5.000 millones de Euros Anuales, quedando patente ya que el número de cargos políticos no está en relación con las mejoras en un país. En cuanto a los asesores, la cuestión es bien sencilla y pasa por establecer este régimen de meritocracia que defiendo, en el que los políticos tengan conocimientos necesarios para desenvolverse, con la consiguiente disminución de asesores políticos. En síntesis, disminuir el número y aumentar la calidad es lo que vengo proponiendo en este capítulo.

Por último, quiero hablar del problema del enchufismo político. El enchufismo es la técnica mediante la cual una persona con poder para ello, facilita u ofrece directamente un cargo profesional a otra en virtud de una relación familiar, amistosa o análoga. El enchufismo en la empresa privada es, bajo mi punto de vista, poco productiva e incluso poco ética, pero al fin y al cabo, uno contrata a quien quiere por los motivos que quiera. Cosa distinta es cuando el enchufado va a cobrar un dinero público y no lo hace por desempeñar funciones con riguroso buen hacer técnico. El problema del enchufismo es claro y evidente : Si se enchufa a una persona en un puesto en virtud de una relación de carácter familiar, amistosa o análoga, se está excluyendo la posibilidad de que este puesto sea desarrollado por una elegida por sus conocimientos y aptitudes. Es decir, a no ser que seamos tan ingenuos de pensar que todos los que tienen capacidad por su cargo, de enchufar en las instituciones a sus familiares y amigos tienen los familiares o amigos perfectamente adecuados para ese cargo, se está yendo claramente contra la meritocracia en favor de un régimen despreciable.

A modo de ejemplo, citaré unos de los más sonados casos de enchufismo en instituciones públicas por personas con cierto peso en estas instituciones : Elisa Robles Fraga, que es directora general del Centro para el Desarrollo, es sobrina de Manuel Fraga ; Victor Calvo Sotelo, Secretario de estado en Telecomunicaciones, es hijo de Leoploldo Calvo-Sotelo; Cármen Gámir, Jefa de Prensa de la Secretaría de estado de Presupuestos, es compañera sentimental de Alberto Feijóo, presidente de la Xunta de Galicia; Álvaro Ramírez de Haro y Aguirre, Asesor de Jaime García Legaz, es hijo de Esperanza Aguirre. Estos pocos ejemplos no son todos, ni mucho menos, y están circunscritos únicamente a cargos conocidos, con lo que descendiendo en la ramificación jerárquica, aumenta exponencialmente el número de cargos políticos, y con ello el número de enchufes. Nadie duda que muchas de las personas que ostentan cargos públicos y que han sido recomendados por terceros con influencias, no estén preparadas para ello, pero considero que antes de que una persona ocupe un cargo público o en el que se cobre dinero público, se debería someter a un control previo por parte de una entidad pública para asegurarse de que efectivamente, los conocimientos de la persona en cuestión son superiores a los de otros aspirantes a ese puesto. Al fin y al cabo, el cargo público cobra dinero público, y el dinero público es de todos, con lo que todos deberíamos tener las mismas oportunidades para llegar a estos puestos. Sencillo, ético y justo.

4.4 Comunidades Autónomas frente al federalismo.

Debemos comenzar este epígrafe sobre la base de que el sistema de comunidades autónomas no ha resultado ser favorable a casi nadie. El sistema de comunidades autónomas, desarrollado en el Título VIII de la Constitución española, es un sistema experimental que no encuentra un referente similar en las estructuras políticas occidentales, y que se formuló sobre la intención de crear un modelo territorial a caballo entre el centralismo y el federalismo, perfilándose, sin embargo, como un sistema ambiguo y de articulación compleja. El objetivo de la institucionalización de las comunidades autónomas, era en realidad bastante noble y con un fundamento interesante, que era el de integrar en el marco español y constitucional en la transición, sin mayores complicaciones, a los territorios históricamente nacionalistas, delegando en ellos una serie de competencias que les hicieran sentir territorios con una cierta autonomía, haciendo siempre respetar la unidad de España. Sin embargo, esto, en palabras del catedrático de Derecho Constitucional Javier Tejadura, no era más que un "aplazamiento del problema español", palabras que han quedado más que demostradas con el paso de los años.

El problema de las comunidades autónomas es que han convertido la territorialidad en un puzle de diecisiete piezas que en muchas ocasiones no encajan entre sí, y me explico. Como explicaba Carlos Martínez Gorrian en una conferencia sobre el federalismo, en España hay diecisiete sistemas sanitarios y diecisiete sistemas educativos distintos. Estas son competencias extremadamente delicadas, y a mi entender deberían tener un trato igualitario para con el ciudadano español, ya que son aspectos fundamentales para el desarrollo de los individuos.

Otro problema que ha traído el sistema de las comunidades autónomas es la ambigüedad sobre la que ha sido construida, y me refiero al art. 150.2 de la Constitución, que reza que "El estado podrá transferir o delegar en las Comunidades Autónomas, mediante ley orgánica, facultades correspondientes a titularidad estatal que por su propia naturaleza sean susceptibles de transferencia o delegación". Es decir, lo que en un comienzo era una idea de repartición de competencias entre el estado y las comunidades autónomas materializada en los estatutos de autonomía, se ha convertido, en virtud de este artículo, en un mercado de competencias entre las comunidades autónomas y el estado, teniendo unas comunidades más competencias que otras, con lo cual la desigualdad de trato entre ellas es incuestionable. Además, esta persecución de competencias y tratos favorables por parte de las comunidades no se ha materializado únicamente a través de partidos nacionalistas, sino que han encontrado una profunda persecución también a través de partidos no nacionalistas como Pp y Psoe.

Cuestión no menos controvertida es la financiación de las comunidades autónomas, que si bien en un principio estaba sometida a un cierto raciocinio, con el tiempo y el cambio legislativo, son las comunidades las que pactan con el gobierno la financiación de las mismas, como si se tratara de un negocio privado. Y no es criticable quizás, la actitud de ciertos presidentes de comunidades autónomas, que si bien en ocasiones pueden pecar de avaros, también actúan dentro de la propia legalidad, que les permite exigir a placer.

Así las cosas, ¿En qué forma territorial se ha constituido España?. Según algunos expertos, como el catedrático en Derecho Constitucional en la Universidad de Alcalá de Henares, José Juan González, el modelo territorial de las comunidades autónomas se identifica con el federalismo, por cumplir con los rasgos de autonomía y subsidiariedad típicos de él, sin embargo, otros como el anteriormente citado profesor Tejadura, explican que nuestra constitución adolece de un requisito fundamental para ser una constitución federal, y es destacar el nivel de autonomía política de las comunidades autónomas, y otros expertos como Jordi Solé Tura, decía que al modelo español le faltaba un Senado que realmente representara a los territorios, como sucede en Alemania. Yo creo que España es más parecido a una confederación que a un estado federal, puesto que la desigualdad de competencias y de tratos entre unas y otras nos asimilan bastante a un conjunto de estados dentro de una unión en la que cada uno tiene su relativa soberanía, y me entristece pensar que es así porque los estados confederados, tarde o temprano han acabado fracasando por lo contradictorio de establecer un sistema donde hay una agrupación de estados en la que, sin embargo, parecen luchar unos con otros, y en este panorama de lucha interna nos encontramos a representantes de todas las comunidades planteando sus quejas o por las pocas competencias que se tienen en comparación a otras comunidades, o porque uno aporta más impuestos y recibe menos financiación, o porque uno tiene unos privilegios forales etc. Sin embargo, y al margen de lo que yo piense que es España, realmente, este debate es poco interesante, puesto que solo sirve para etiquetar a un sistema que ya ha demostrado ser ineficiente y que hay que cambiar. En mi opinión el debate hay que orientarlo hacia el futuro, y establecer las pautas y directrices sobre el que considero, debe ser el modelo territorial a seguir.

Yo, personalmente, comparto la idea del modelo federativo defendido por D. Julio Anguita, donde cada territorio debería tener una autonomía legislativa total que pasase por respetar los principios constitucionales básicos y las políticas sociales, erradicando el modelo de cesión de competencias establecido por nuestra constitución en sus artículos 148 y 149 y por supuesto en el art. 150.2. También me parece interesante la propuesta del grupo UpyD en este sentido, donde todas las comunidades autónomas (que bien podrían pasar a llamarse estados federados), tendrían la misma capacidad legislativa, respetando el margen de derechos sociales del que he hablado. De la misma forma, sería interesante establecer un mismo régimen de financiación de estados federales basado en la solidaridad entre las federaciones, aunque guardando una cierta jerarquía que relacione la aportación per cápita de impuestos en el estado federal con la financiación que se reciba. Esto quiere decir que tendríamos que acabar con regímenes de financiación como el Vasco o el Navarro, donde el estado les ofreció en su día (para que se apoyara la constitución desde estas comunidades) un concierto económico, donde se podría gastar lo que se invertía sin atender a criterios de solidaridad. Es decir, si uno de los estados federados es el segundo que más impuestos recauda per cápita, entiendo que sea también el segundo de ellos que más favorecido se vea del reparto en la financiación, aunque ello no obste para que pueda verse en cierta medida perjudicado para contrarrestar económicamente el mal estado económico de otro estado federal. Por último habría que centralizar ciertas competencias que por su lógica naturaleza no pueden ser delegables, como la política exterior o la política militar, dado que son sectores que representan necesariamente a la totalidad del estado y no a cada uno de los estados federados. Con respecto a la educación, por ejemplo, a la cual me he mencionado antes, considero que se debe centralizar también sobretodo por el rol educador de la sociedad que desempeña y que puede dictaminar el buen o el mal funcionamiento del estado federal en un futuro, sin ninguna duda. Por último, este estado federal deberá incorporar un sistema jurídico de resolución de conflictos de competencias en el que, ante la duda, prime siempre la capacidad del estado de gestionar la competencia en conflicto de la que se hable.

Un modelo de este tipo nos acercaría a uno más parecido al de Alemania, que considero es un país muchísimo mejor gestionado que España, y no solo desde el punto de vista territorial, que también. Otros estados como estados Unidos, Canadá o Francia son también estados federados, y realmente parten de la misma base teórica, que pasa por repartir el poder entre los entes territoriales que existan para hacer de la labor política un trabajo más eficiente. De hecho, Francia, que es el estado federal más centralista de los mencionados, está comenzando ahora a descentralizarse un poco más, al estilo estadounidense para trabajar en esta línea.

Sin embargo, para que este cambio de sus frutos, hay que concienciar al conjunto de los españoles, y más en concreto a los representantes políticos, de que la situación actual en España es insostenible y que para reactivar nuestra democracia, nuestra economía, y en síntesis, el sistema, es necesario remar todos en la misma dirección. Por supuesto, habrá comunidades autónomas que se puedan ver más perjudicadas que otras a corto plazo, pero el objetivo es crecer juntos a medida que pasen los años. Un dato curioso es que desde el movimiento nacionalista catalán se reconoce que ciertamente, una escisión de Cataluña del territorio nacional desembocaría irremediablemente en un periodo de adaptación que ellos mismos sitúan en torno a los 20 años. Pues yo digo, que si están dispuestos a sufrir todo ese tiempo, ¿por qué no hacerlo de la mano del resto de comunidades autónomas?. La unión hace la fuerza, y los estados federales han sabido demostrar su viabilidad a través de la historia política.

CAPÍTULO V: LOS RASGOS SOCIALES

5.1 Noción.

No era en principio objetivo de este humilde autor incorporar en este ensayo cuestiones que excedieran del plano jurídico, político y económico para explicar cuáles son los problemas de España. Sin embargo, uno de los que fuera compañero mío en la facultad y con el que comparto hoy en día una buena amistad, me hizo pensar con una cosa que me dijo. Le comenté que estaba escribiendo este ensayo sobre los problemas de España, y me dijo :"pues muy fácil, el problema es la gente". Desde luego, es una afirmación arriesgada, pero sin embargo uno piensa automáticamente en que todas las personas del mundo somos iguales en aptitudes y potencial y se pregunta necesariamente por qué pasa lo que pasa en nuestro país. No hay un estudio científico que demuestre que en el sur somos menos capaces que en el norte, o que ser asiático influya negativa o positivamente en el genotipo, aumentando o disminuyendo la capacidad intelectual del sujeto. Así pues, ¿Qué falla?. La respuesta la debemos encontrar incontestablemente en la sociedad como conjunto, que educa de una u otra forma a los ciudadanos, perfilándolos como más o menos honestos y honrados, trabajadores, solidarios, etc. Es por ello que muchas culturas han sido y son conocidas por su disciplina y seriedad. Así, para ejemplificarlo, los japoneses, durante la época samurai llevaban a la práctica un suicidio ritual conocido como "Harakiri", al que procedían cuando hubieran cometido un acto de deslealtad, como una falta o un delito.

Con el tiempo esa mentalidad social se ha ido desarrollando y hoy en día las huelgas en Japón consisten (lejos de la leyenda urbana de sobreproducción), en llevar a cabo un comportamiento literal exagerado sobre la normativa laboral, de higiene, seguridad y salud que disminuye el ritmo de la producción. No voy a entrar a valorar lo bien o lo mal que están el harakiri o las denominadas "huelgas de celo", pero desde luego, si entro en la comparación disciplinar no solo con España, sino con resto del globo, el resultado será muchísimo más favorable para los nipones. Es por ello que considero demostrado que una sociedad influye directamente en el devenir de los usos y costumbres de los sujetos, con lo que si una sociedad, en términos generales es más educada, existe también una gran posibilidad de que los sujetos, individualmente hablando, sean más educados, tanto cuantitativa, como cualitativamente. Son estas, pues, las cuestiones que desarrollaré a lo largo de estos epígrafes, tratando de llegar a la que realmente considero que es la raíz del problema en España.

5.2 La educación académica

Sin ningún tipo de duda, la educación académica influye directamente en el desarrollo del ser, y esto es porque es esta la que determina el futuro de las personas, individualmente hablando, y además de ello, construye las bases de una sociedad en un futuro. Una sociedad bien educada, es una sociedad más apta para gestionarse en un futuro por tener los conocimientos apropiados para ello. Además, una sociedad educada, es una sociedad más competente para analizar los problemas y proponer soluciones a las crisis de los países, y no es una locura llegar a pensar que quizá sea esta la razón de que tengamos desde siempre un sistema educativo tan bochornoso. Al fin y al cabo, las masas, cuanto menos educadas estén, más sencillas serán de controlar, y esto es algo que se sabe desde siempre. Una sociedad sin educación es una sociedad que en resumen, no tendría conocimiento sobre muchas de las cosas que he ido tratando a lo largo del ensayo, como la contaminación del tribunal constitucional, la injusta ley electoral, el penoso sistema territorial, etc, y por lo tanto, esta dinámica asegura que los años vayan pasando sin que una masa sustanciosa de la sociedad alce la voz para exponer su punto de vista sobre el problema. En pocas palabras, somos en ocasiones más parecidos a rebaños que a pueblos.

Entrando en materia, analizar los problemas educativos de España no es sencillo, principalmente porque el problema no es nuevo, sino que es un lastre que venimos arrastrando desde hace décadas. La Comisión Europea viene alertando desde hace ya años la importante brecha que separa los sistemas educativos del norte de Europa en comparación con los del sur, cosa que lógicamente no nos beneficia. Según la OCDE, el ránking en calidad educativa lo encabeza Finlandia, y para que nos hagamos una idea del déficit educativo español, estamos en el puesto 28, precedido por Portugal y seguido de Israel. Considero que estos datos son especialmente preocupantes principalmente porque en comparación a países de nuestro entorno, los datos son abrumadores, pues países como Reino Unido, que está en el sexto, u Holanda que está en el séptimo, son países que tienen garantizada una base social muchísimo más sólida que la nuestra, y por ende, una futurible mejor gestión social. Según la OCDE, el principal problema de ello radica en los recortes en educación y en los jóvenes que ni estudian ni trabajan, que son un 23,7% de los jóvenes entre 15 y 29 años. Al primer dato, debemos objetar con el presente gobierno, sin lugar a dudas, que plantea una reforma en educación mientras que a la vez recorta en este sector. ¿Tan difícil es llegar a la conclusión de que recortar en educación es condenar al futuro? . Personalmente considero que no puede ser tan difícil, lo cual reafirma mi teoría de que no es descabellado pensar que los gobiernos pretenden mantener a los ciudadanos con los actuales conocimientos. Como he dicho antes, así somos más manejables.

Yo no soy un experto pedagogo, ni mucho menos, pero coincido con muchos de ellos en que la principal causa de este problema viene, sin lugar a dudas, por el abusivo cambio legislativo que se hace de la educación. Podemos afirmar que cada nuevo partido que entra en el poder, trae consigo una nueva propuesta de modificación legislativa en materia de educación. Desde 1970 hasta hoy, la educación ha sufrido hasta 7 reformas en las leyes de educación referentes a las enseñanzas medias(LGE, LOECE, LODE, LOGSE, LOPEG, LOCE, LOE y podríamos incluir la nueva propuesta del ministro Wert, la LOMCE) . Además, si a ellas les sumamos las reformas en materia de formación profesional y universitaria, llegamos hasta las 12; es decir, si nos limitamos a las reformas en enseñanzas medias, para ser lo menos populistas posibles, podemos afirmar que ha habido un cambio de ley educativa cada 5 años. Teniendo en cuenta que desde que un niño entra en primaria con 6 años hasta que termina bachillerato con 18 pasan 12 años, es posible que un niño pase por dos reformas educativas a lo largo de su vida académica, lo cual son tres planes distintos. Considero, como los pedagogos, que las pautas a seguir con un niño durante su vida académica son las que son y deben durar hasta que su formación termine, puesto que de lo contrario, estaremos condenando al alumno a una desorientación total sobre el sistema educativo, y las herramientas que se abordan con el alumno el primer año, se abandonan por otras con el cambio de legislatura, con lo cual nunca terminaremos de formar al alumno con las mismas herramientas. Yo no voy a entrar a valorar cual de todas las leyes de educación es la más adecuada para el alumnado porque haríamos de este ensayo un manual de psicopedagogía y no tengo las herramientas cognitivas para ello. Pero desde luego creo que tanto yo como cualquier otra persona estamos cualificadas para afirmar que tanto cambio de plan, es sin duda, muy poco eficiente.

No obstante dicho lo anterior, considero que no sobra explicar cuáles son, desde el punto de vista de la pedagogía, las claves a tener en cuenta para que el sistema educativo sufra un cambio en el buen sentido, siempre reproduciendo las opiniones de pedagogos, por supuesto.

En mi caso concreto, veo acertado acudir a las referencias dadas por Doña Mireia Long y Azucena Caballero, creadoras de un sitio web conocido como "Pedagogía blanca". En opinión de las mencionadas pedagogas, el sistema educativo encuentra su primera traba desde el inicio, pues durante la etapa infantil se produce un efecto de desapego tempranero del niño y sus figuras paternas. Mientras que la educación en otros sistemas como el Finlandés nunca empieza antes de los seis años, aquí en España el niño puede comenzar a experimentar en el ambiente institucional desde los tres años, lo cual, dicen las pedagogas, crean en el niño una fobia hacia el ambiente educativo a través de normas que impiden su actividad natural de juego y experimentación. Una vez comenzada la primaria, el sistema educativo busca del niño explotar sus capacidades de memorización y estandarización, que no valoran la creatividad y la curiosidad. Yo personalmente no creo haberme nutrido en demasía de los insufribles textos de los libros de primaria que tenía que memorizar, con lo cual hasta este punto no tengo más opción que estar de acuerdo con las pedagogas. Continúan las pedagogas explicando que una vez llegada la secundaria, los alumnos llegan agotados, y el sistema no cambia sus valores de memorización y estandarización, con lo que el pensamiento crítico de los alumnos no se explota.

Según las pedagogas, para que esto cambie debe cambiar el paradigma social del concepto de educación en España, lo cual, es , a todas luces, muy complicado, debido a la larga tradición de malos planes educativos que hemos tenido en nuestro país. Ellas consideran que el aprendizaje debe ser vivencial, experimental y flexible, otorgando a los profesores una mayor libertad y dirigiendo a los mismos una educación que haga mayor hincapié en la educación emocional de los profesionales para que entiendan que no es importante que el niño esté callado, sino que sienta emoción por lo que va a aprender, así como que no todos los alumnos deben aprender exactamente lo mismo ni en el mismo tiempo. Es decir, explotar las cualidades de cada alumno en concreto. Según ellas, este reto no es imposible, pero requiere, como es lógico, una mayor inversión en material de preparación profesional basada en el factor humano, así como un cambio del concepto educación que no pase por evaluar a los alumnos en virtud de exámenes memorísticos.

Además, las pedagogas han elaborado una serie de pautas concretas para avanzar en este sentido que han despertado en mí, el deseo de volver a las aulas a ser educado sobre estos principios. Consideran que es importante, entre otras cosas, un papel más activo del alumno, fomentando su creatividad y su entrega; una flexibilización de los contenidos de la escuela; los alumnos deberían ser tratados siempre con el mismo respeto que merecen los adultos; erradicación de los castigos para corregir la conducta de los niños y que estos se cambien por otras herramientas; reducción del factor de la memorización , etc.

Hay que considerar que, como se suele decir, "los problemas hay que arrancarlos desde la raíz". Pienso que en el absurdo español, la raíz de todo es la educación, tanto académica, como personal, que fomentan en las personas una serie de valores poco solidarios y que irremediablemente se derivarán en mala gestión, poca eficiencia, corrupción, y demás efectos negativos que se tiene sobre la política. Por lo tanto, considero que para abordar el problema desde la raíz, debemos realizar una reforma en la ley de la educación, pero no como la están planteando desde el gobierno, puesto que no apuesta por cambios de este tipo que se asimilen más a los planes de estudios Finlandeses, sino que es otra burda reforma que sigue la esencia de las anteriores, con la diferencia de que además es más restrictiva.

Una vez implantada esta reforma, en la que, sin lugar a dudas es necesario consultar a los mejores pedagogos para hacer de ella un plan de futuro viable, hay que dejar que los frutos vayan surgiendo. El problema de la política hoy en día es que se usan las estadísticas sobre educación para criticar los planes educativos del contrario, sin pararse a pensar que quizá los frutos tendríamos que recogerlos cuando concluya la primera generación de alumnos educados en un mismo sistema educativo, cosa que hasta ahora ha sido imposible debido a las cuantiosas reformas. Así pues, modifiquemos la ley basándola en valores como los establecidos por los pedagogos, cosechemos los irremediables malos resultados que conlleva realizar un cambio de sistema educativo una vez más, y esperemos a que con los años la situación se vaya estabilizando. Al fin y al cabo una sociedad no se cambia en un año y los numerosos intentos por restablecer la situación educativa han demostrado ser en balde reforma tras reforma puesto que, verdaderamente, no aportan nada nuevo.

5.3 La educación personal.

Al lector de estas líneas le podrá costar ubicar este epígrafe dentro del esquema de este ensayo. Sin embargo, un sencillo razonamiento que pasa por considerar a la persona en sí misma como el instrumento central de la actividad política, me lleva, a incorporar en esta humilde obra sobre los problemas jurídicos, políticos y sociales de nuestra España actual, un análisis sobre el factor humano, necesariamente. Al fin y al cabo son las personas las que han tomado todas las decisiones políticas o legales que he tratado en este ensayo. La falta de valores como el esfuerzo colectivo, la solidaridad, el respeto o la disciplina, son las bases sobre las que se asienta, en no pocos casos, la educación de las personas en este país. Valores que no solo no se fomentan, sino que además son sustituidos por otros mucho más individualistas y egoístas, lo cual redunda necesariamente en un posterior desarrollo personal que se nutre de valores que distan mucho de los necesariamente exigibles en el fuero interno de un dirigente político y en el de un ciudadano cívico. Es esto lo que intentaré exponer en este epígrafe, aún a sabiendas de lo poco populista de mis palabras.

Como es lógico, la educación personal tiene su base en la niñez, con lo cual lo primero que nos debemos preguntar es cuál es la calidad de la educación personal (esto es, toda aquella educación alejada de los parámetros académicos) que reciben los niños en España. No admite discusión que este es un tema espinoso, dado que lo que planteo desde estas líneas, es que más allá de los problemas que nos encontramos con la clase política, y que son fácilmente criticables por su condición de personas públicas, existe un problema que encuentra su núcleo en las familias propiamente dichas, y esto es una cuestión más difícil de tratar dado que no me considero absolutamente nadie para indicar a unos padres como educar a sus hijos. Sin embargo, y dado que yo no asumo ningún cargo de responsabilidad pública, me veo en total libertad para emitir juicios de valor sobre la calidad de la educación que reciben los niños de su entorno sin sonar subjetivo. Y es precisamente lo que haré.

5.3.1 La legislación orientada al menor como medio de educación.

Uno de los factores que inciden directamente en el desarrollo de la personalidad de un niño es la legislación que le ampara. La legislación es, de hecho, un claro reflejo de la sociedad en un cierto momento. Así, durante el franquismo y sus años posteriores, nos encontrábamos una libertad muchísimo más amplia (respetando lógicamente ciertos derechos inalienables del menor) para educar a los hijos. Con la llegada de la democracia, el valor de la libertad, como era lógico, se difundió en todos los sentidos. Sin embargo, en algunos aspectos como es el referido a la educación del menor, esto sirvió para limitar en demasía la potestad del padre en relación a ciertos comportamientos de cara al menor, cosa totalmente perjudicial. Nadie niega, o al menos eso espero, que la disciplina en los menores, era muchísimo más severa que hoy en día, y la disciplina es un valor que, bien orientado (más allá de la disciplina como elemento represor de la sociedad), fomenta principios tan sanos como el respeto, el orden , y en materia política, la decencia y la honradez, que es lo que nos ocupa. Mi padre, por el que por supuesto siento un grandísimo respeto y afecto, me contaba que los domingos, día que su padre y a la vez mi abuelo regresaba a casa en su jornada de descanso, él tenía su taxi recién lavado para que mi abuelo pudiese levantarse el lunes temprano sin la preocupación de lavar el coche. Yo, sin embargo, acostumbraba a cobrar a mi padre veinte Euros por limpiarle el coche. Y no digo, ni mucho menos, que yo sea una persona sin disciplina, por supuesto. Hay otras muchas formas de impartir disciplina más allá de limpiar un coche, pero como anécdota, creo que es muy ilustrativa y acertada.

Volviendo a la cuestión legal, el Juez de Menores, D. Emilio Calatayud, jurista del que he leído mucho y visto algunos coloquios por la red, es un gran defensor de la idea de que en España se ha usado el valor libertad de forma poco útil en materia de menores, invirtiendo proporcionalmente los derechos de los padres para educar a sus hijos, en relación a los derechos de los hijos para vulnerar el intento de educación disciplinar por parte de los padres. En concreto habla de la reforma del código civil de 1996 como punto de inflexión en este sentido, que lleva a una interpretación jurisprudencial desfavorable a la potestad del padre para educar al menor y que deroga dos artículos como son los 154 y 155 del código civil. El primero hace un elenco de los deberes del padre para finalizar diciendo que los padres podrán recabar el auxilio de la autoridad y corregir moderadamente a los menores en función de la personalidad de los mismos. Lo que en un comienzo era un artículo que daba una cierta libertad al padre para castigar física y moderadamente al menor, se ha convertido en una pieza inexistente para la interpretación jurisprudencial que permite las amenazas del menor para con su progenitor de presentar demandas civiles o quizá criminales contra él si se le castiga, lo cual va, indudablemente contra el valor de la disciplina que se tiene que impartir por un padre de según que forma si la situación así lo requiere. Y estos, se quiera o no se quiera, son casos que tarde o temprano adquirirán los tintes de los casos que se pueden ver en programas como "Hermano Mayor", que centra su atención en la conflictividad que dan adolescentes que, casualmente se han criado después de esta reforma. Está claro, y esto es incontestable, que en los años 60 era muchísimo más difícil ver a un menor gritar a su padre.

    El segundo de los artículos al que hace referencia el Juez Emilio Calatayud, es el 155 del CC, el cual dice "los menores deben obedecer a sus padres mientras estén bajo su potestad y respetarles siempre". Lo cual lleva a uno a plantearse, una vez ve ciertas cosas, si estos son artículos que realmente sirven para algo. Según el Juez, "se ha dado un cambio extremadamente brusco en el concepto de educación familiar, en el que se pasa del padre autoritario pre-constitucional, a la corriente psicológica y sociológica evolutiva del comportamiento en la que hay que dialogar, razonar y argumentar con los hijos". No condeno aquí ni el diálogo ni el razonamiento ni el argumentar con un menor. Lo que condeno es que no se permita nada más allá de estas pautas de comportamiento para educar a un menor como pueda ser una pequeña torta que enseñe a un menor, a su debido momento, que la disciplina se aprende por las buenas o por las malas. En palabras de D. Emilio Calatayud se ha pasado, en resumen, del "padre autoritario" al "colega de mi hijo". Es decir, se ha anulado completamente, desde el punto de vista legal y social, la figura del padre como instrumento autoritario que imparte disciplina, lo cual quebranta irremediablemente unos ciertos valores a edad temprana que posteriormente perfilarán la conducta de las personas.

Con el objetivo de ampliar el conocimiento en estos términos, he consultado también una fuente de índole psicológica que avale la tesis del juez. En este sentido, el psicólogo Násere Habed López dice que en el ámbito familiar existen tres sistemas educativos: El autoritario, el democrático y el permisivo, y establece que de ellos, solo el primero salvaguarda una formación de los niños y adolescentes fundados en la rectitud y en la moralidad sana. Según el autor, el estilo autoritario se caracteriza por la imposición total del control de los padres y la obediencia de los hijos sin discusión de sus mandatos. Sin embargo, todo ha de tener un término medio, pues abusar excesivamente de estas prácticas, advierte el psicólogo, pueden afectar a la autoestima del menor y reducir su capacidad de autodeterminación frente a problemas en el exterior. Por lo tanto se trata de adquirir un término medio entre la libertad total del menor y la represión total del padre. Es, simple y llanamente, saber educar a un hijo.

Desde luego los dirigentes que nos gobiernan hoy en día han sido educados con padres pre-constitucionales, lo cual no significa que pierda toda la lógica el problema político y económico actual que sufrimos, dado que los factores son otros muchos, más allá de la educación por parte de los padres y en relación a la legislación. Este epígrafe está orientado para intentar corregir un defecto que probablemente se notará más con los años y es que los menores no están sometidos a una educación disciplinar.

En los mismos términos se refiere el juez a la pérdida de autoridad de los maestros en la escuela. No creo que sea necesario extenderme en otro epígrafe para explicar esta cuestión, pero es muy claro: El niño adquiere valores y disciplina dentro del entorno familiar a la par que en la escuela. Por lo tanto, la pérdida de autoridad de la principal figura de autoridad (el padre y la madre) en conjunción a la pérdida de autoridad de a figura del maestro, son una mezcla explosiva que desencadena, irremediablemente en un descenso de la calidad de valores de los menores. Es por ello que D. Emilio Calatayud aboga por una mejora en la conciencia educativa en este sentido que desarrolle métodos para que el profesor vuelva a ser una persona respetable, con la misma autoridad que un padre dentro de las aulas, aumentar el número de trabajadores sociales, psicólogos, psicopedagogos y orientadores en los centros de enseñanza públicos para trabajar con los menores en pos de una mejora de la calidad educativa en estos términos que rebasan en mucho las cuestiones de índole académica de las que hablé en el anterior epígrafe. Es, en suma, un aumento de la disciplina y la educación personal.

5.3.2 La denominada "cultura mediterránea".

Existe un patrón que se repite en los países de la cuenca mediterránea y en Sudamérica que entra en estrecha concordancia con lo que intento explicar en este capítulo, y es la actitud parasitaria (al menos en mayor porcentaje en comparación al resto de Europa) que adoptan los ciudadanos con el estado en primer lugar, y con sus propias vidas en segundo. No me quiero autoproclamar juez moral ni de ningún otro tipo, pero lo cierto es que si en algo coincidimos los países de la cuenca mediterránea es, por una parte, en el parasitismo personal que en no pocas ocasiones nos hace esclavos de nuestra propia apatía vital, y de otro el parasitismo social que nos hace ser una masa que busca el bien sin el esfuerzo. Esto debe entenderse no como una crítica destructiva, ni mucho menos; al fin y al cabo, yo también soy un miembro de esta comunidad con estos rasgos tan peculiares. El objetivo aquí es hacer autocrítica sobre nuestros planteamientos diarios, tanto individuales como colectivos, dado que, como dice D. Julio Anguita, los políticos son el reflejo de la sociedad, cosa que queda demostrada en los países nórdicos, donde los sistemas educativos y la educación personal en general son de una altísima calidad y ello se ve reflejado en los buenos resultados dados por la OCDE en relación a corrupción política.

Hace un año, un portal de viajes alojado en la web skyscanner.com realizó un trabajo que consistía en preguntar a sus clientes, tras su viaje, como valorarían la educación (en el sentido no académico) de las personas en los países de destino. Lógicamente, no es una encuesta que sea vinculante, en primer lugar porque es una encuesta al uso, no una tesis, y en segundo porque no entraban dentro del espectro de la encuesta, los países con los que no operara el portal. Sin embargo, es curioso descubrir que los viajeros votaron a España como los sextos más maleducados de entre 20 países. Más maleducados que estadounidenses, Turcos y Polacos. Ciertamente, los problemas de España no se alojan principalmente en este tipo de cuestiones, que pueden rozar incluso el estereotipo, pero desde luego dan una idea sobre la clase de valores que tenemos instaurados dentro de nuestra cultura mediterránea.

En mi opinión, todos los temas que estoy tratando en este

último capítulo, van unidos de la mano, y corrigindo la base de ello, empezando por la educación que reciben los menores en sus casas y siguiendo por la calidad de la enseñanza académica, frenaríamos el estereotipo de cerdos que popularmente tenemos asociados. Y esto de cerdos, no es un descalificativo gratuito: En Europa se nos conoce como "PIGS" (en inglés, "cerdos") para referirse a los países de la cuenca Mediterránea, Portugal, Italy, Greece, Spain, y si bien es cierto que el término surgió como calificativo peyorativo para referirse única y exclusivamente a la mala gestión financiera de estos países, el término se ha ido expandiendo para asociarnos directa y totalmente con el género porcino.

El problema en este aspecto es, sin embargo, muy complicado de tratar. En otros epígrafes planteo las que humildemente considero soluciones más correctas en cada supuesto que he tratado. Y todo parece tener una lógica bastante básica: Hacer del poder una herramienta dinámica que no sirva a intereses privados es, en resumen, la esencia del ensayo, y para que ello ocurra, la sociedad en sí debe cambiar. Es decir, en este punto, no hablo de reformar un texto legal o la estructura territorial del país. Hablo de cambiar a las personas, y si bien es cierto que un texto se puede modificar con mayorías, no hay mayorías que valgan para cambiar a la sociedad. Este es, sin duda el más difícil de los cambios que planteo en el libro: Cambiar a las personas. Y soy consciente de lo muy poco democrático que suena esto, puesto que si el ciudadano español es maleducado, tratar de cambiarlo es, sí o sí, atentar contra la libertad de la persona que se ha ido forjando de cierta manera. En cualquier caso, sí considero que el estado tiene la responsabilidad de hacer mejor a sus gentes, y usar los medios que tiene a su alcance para ello.

Una de las principales soluciones que planteo para atacar

desde dentro este problema de educación que tienen los españoles, es educar desde el núcleo propiamente dicho. No estoy descubriendo la pólvora si digo que irremediablemente, hay a lo largo y ancho de la geografía española, muchos puntos conflictivos donde se gesta un malestar, primero social y segundo, personal, que se desarrollará en forma de violencia, sociopatía, egoísmo y mala educación. Por lo tanto, y actuando como objeto neutralizador de este fenómeno, tenemos dos opciones: La primera, que es menos atractiva, sobretodo porque en el interior de estas comunidades conflictivas lógicamente también hay cariño y afecto entre los prójimos, es la de redistribuir a familias sitiadas en ciertos polígonos en los que, se quiera o no se quiera, criar a un niño es condenarlo al fracaso social y personal más absoluto. Esta es una medida que yo personalmente aplicaría en aquellos lugares en los que un "plan a" menos severo (y sobre el que luego me mencionaré) sería infructuoso. Barrios como las 3000 viviendas en Sevilla, Los Príncipes, en Ceuta o La Cañada Real en Madrid, son algunos de los que se me vienen a la mente. Por supuesto, esto debería ser avalado por un procedimiento totalmente garantista que pasara por ofrecer a las personas que voluntariamente quieran tener otra oportunidad, una vivienda en otro lugar dentro del territorio de la misma provincia, facilitando todas las condiciones posibles para garantizar la inserción social de la familia.

Otra opción, mucho menos dramática, puede también resultar eficaz si el estado desarrolla una política seria al efecto, y es la de invertir capital en aquellos barrios más conflictivos en el desarrollo de áreas destinadas a favorecer la educación de las personas de ese lugar. Estoy pensando en centros gratuitos dirigidos por psicólogos que atiendan a las personas que requieran de sus servicios para ayudar a llevar una vida más digna, trabajadores sociales que interactúen con los vecinos del pueblo en cuestión para ayudarles con sus problemas personales , animadores socioculturales para trabajar con los niños desde pequeños para alejarlos de los ambientes más conflictivos y hacerles dinamizar y jugar con otros menores, fomentando valores como la confianza, el respeto, la amistad, etc. Por supuesto, este plan no es alternativo ni subsidiario del anterior, sino que en todos y cada uno de los barrios que se consideren conflictivos se debe trabajar en este sentido, ofreciendo a los vecinos, en aquellos casos extremos como los citados anteriormente, la posibilidad de reubicarlos en otras zonas donde la esperanza de integración social y laboral lleve un sendero más claro.

En cualquier caso, este epígrafe va centrado a hacer una autocrítica de la educación social del ciudadano medio español, y si bien es cierto que una legislación de ámbito nacional que trate de reducir ciertos comportamientos traería más de un quebradero de cabeza, no es menos cierto que todas las personas somos libres de "hacer la guerra por nuestra cuenta" y educar a nuestro entorno, empezando por los hijos y pasando por amigos y familiares, de la forma que cada uno considere, siendo correcto en las formas y fomentando entre nosotros valores más solidarios, justos e igualitarios.

5.3.3 La meritocracia como método jerárquico en el poder.

Este epígrafe es quizá una de las piezas angulares, según mi criterio, para avanzar en el buen sentido. La meritocracia es aquel fundamento principal que justifica los méritos realizados por las personas en las diversas áreas de la sociedad como causa para ostentar un cargo en cualquier nivel jerárquico del estado. Es decir, según un estado meritocrático, no podría existir ninguna figura pública en el cargo que no estuviese ahí por haber desarrollado previamente una labor que le destaque como una persona apta para ello.

Siendo justos, España es un país que en cierta medida cumple con ello. Pero solo en cierta medida. Es decir, los tribunales de justicia están ocupados por personas que previamente han superado una carrera de Derecho y posteriormente una oposición de jueces y fiscales. Un profesor de universidad ha tenido que acabar su carrera y posteriormente haber superado ciertos filtros para ostentar el cargo, y así podríamos seguir hasta abarcar un espectro bastante amplio, pero que sin embargo no se extiende a los niveles necesarios para cambiar un país. Al fin y al cabo, como ya he explicado, los Magistrados del tribunal constitucional son propuestos por el poder público y la única exigencia legal respecto a los méritos del Magistrado es que deben ser jurisconsultos de reconocida competencia o prestigio, pero esto es lo que en derecho se conoce como un "concepto jurídicamente indeterminado", es decir, es tan elástico como su interpretación pretenda que lo sea.

Este ejemplo debe valer para entender lo que aquí quiero decir. En mi opinión, el estado entero debe estar confeccionado para que los cargos importantes sean ocupados necesariamente por las personas mejor capacitadas para ello. Exigir un nivel de excelencia a un Magistrado del Tribunal Constitucional o a uno del Tribunal Supremo. Que el Banco de España esté ocupado también, necesariamente por los mejores economistas. Que los diputados tengan un nivel aceptable, y todo ello medido por una vara debidamente institucionalizada y transparente. España hasta ahora ha sido un país donde el enchufismo, el colegueo y demás prácticas anti meritocráticas han tenido cabida, con lo cual es necesario replantear la conciencia de las personas e instaurar un sistema basado en el reconocimiento del mérito como principal garante de la efectividad de los cargos públicos.

5.4 Los medios de comunicación.

En nuestro país, y en cualquier otro que tenga una estructura política similar, los medios de comunicación, haciendo honor a la era de las comunicaciones en las que vivimos, tienen un papel fundamental en el devenir tanto de los ciclos políticos como de la educación de las personas. Un estudio realizado recientemente por la investigadora Celia Sánchez Ramos entre personas de 28 y 54 años, revela que pasamos una media del 60% del tiempo diario en días laborales (un 50% en días no laborales), delante de una pantalla, ya sea de televisión, móvil, tablet, portátil u otros dispositivos análogos. El estudio fue realizado como parte de un experimento de la empresa Reticare, que fabrica protectores oculares, pero sin embargo revelan mucho más que el daño potencial que reciben nuestros ojos: Nos desvela que un 60%, de media, estamos recibiendo información de internet, televisión tablets, móviles, y aún nos quedaría añadir periódicos y radio. La información es una cuestión de vital importancia para solucionar los problemas que tiene España, sin duda : Son un elemento esencial y de importancia meridiana dentro de un sistema político y con un gran poder para la formación y educación de las personas, con lo que dedicar un epígrafe a los medios de comunicación en este capítulo, era obligado.

5.4.1. Los medios de comunicación como herramienta del poder político y de las entidades privadas.

Desde los comienzos de la prensa que vendía ese niño con tirantes y boina a la voz de "¡Extra, Extra!", los medios de comunicación han tenido una vital importancia en el devenir de los países, hasta el punto de que autores como D. Mario Conde, en su libro, "El Sistema", le dedica un capítulo entero al considerarlo uno de los tres pilares fundamentales del mismo, junto al poder político y al poder financiero. De hecho, él mismo cuando fue presidente de Banesto, coqueteó con varios medios para adquirir un porcentaje del capital y tener un medio que respaldara y no atacase las operaciones del banco. Ciertamente, el poder de los medios de comunicación, sobretodo el de los grandes portales digitales, las grandes editoriales o las grandes cadenas de televisión, tienen un papel muy claro dentro del sistema, que bien medido puede ser un factor indispensable, honesto y democrático, o de lo contrario, puede ser manipulador, sucio y parcial, pero en cualquiera de los dos casos, nadie puede discutir la magnitud y la repercusión que tiene dentro de una sociedad, tanto es así, que después de la Segunda Guerra Mundial, las primeras cadenas de televisión, en parte porque eran ellos quienes tenían el dinero y el poder de hacerla funcionar y en parte porque les interesaba, eran gestionadas por los gobiernos, quienes controlaban todos los contenidos de las emisiones de las mismas. Y es curioso como esta herramienta que comenzó bajo el control gubernativo, se emancipa y aterriza en los hogares comenzando una época de periodismo de opinión y que necesariamente se acabaría volviendo contra los gobiernos, independientemente del país y del color del gobierno.

* Los medios de comunicación han ido evolucionando de la mano de la sociedad. Radio, Televisión, Prensa e Internet son negocios que mueven millones y millones de Euros al año por comunicar a la sociedad.

Hecha esta pequeña introducción me gustaría analizar cuál es exactamente el rol que desempeñan los medios de comunicación actualmente, teniendo en cuenta las características sociales medias del pueblo español y el volumen y veracidad de los mismos. El art. 20 de nuestra Carta Magna, reza : "Se reconocen y protegen los derechos: a)A expresar y difundir libremente los pensamientos, ideas y opiniones mediante la palabra, el escrito o cualquier otro medio de reproducción ; b)A la producción y creación literaria, artística, científica y técnica ;c)A la libertad de cátedra; d)A comunicar o recibir libremente información veraz por cualquier medio de difusión. La ley regulará el derecho a la cláusula de conciencia y al secreto profesional en el ejercicio de estas libertades." La elevación del derecho a la información al rango de fundamental, ha traído no pocos problemas a los tribunales de justicia, que parecen no ponerse doctrinalmente de acuerdo sobre el límite del derecho a la información, además de que ubicar este derecho en esta parte de la constitución (derechos fundamentales), ha servido en numerosas ocasiones para respaldar informaciones que pueden resultar dañinas para sujetos particulares o para colectivos. No obstante, considero que el derecho a la información está bien ubicado donde está, puesto que son la prensa, internet, y demás medios, los encargados de informar a los ciudadanos sobre las cuestiones políticas, jurídicas y demás tipos de informaciones relevantes para construir en él un criterio sobre la situación del país, las posibles soluciones a los problemas y, en definitiva, es el factor más importante para convertir al ciudadano en un ser con un pensamiento político crítico, con lo que definitivamente, está bien ubicado, siendo los problemas sobre los que me acabo de mencionar, meros daños colaterales que deben ser soportados en virtud de un pluralismo ideológico pleno.

Esta debería ser, al menos, la teoría, pero, ¿Cuál es la realidad?.La realidad es que exigir que un medio de comunicación sea totalmente imparcial es casi utópico, puesto que al fin y al cabo las letras o palabras que reproducen son autoría de personas con ideas, convicciones, y no veo por qué no decirlo, con intereses propios. Así pues, nos alejamos de la concepción romántica de que los medios de comunicación se deben gestar como instrumentos de democratización y reproductores de la realidad para encontrarnos con un plano de multiplicidad de medios en pugna (unas veces periodística y otras incluso litigante) por vender la noticia que al poder le conviene, ya sea poder político, financiero o empresarial, puesto que cuando se trata de propagar noticias, existe en todos los niveles de la vida social un claro interés por no ser perjudicado, con lo que podemos afirmar que con todos ellos, la prensa comparte una relación de "amor-odio", o de "ni contigo ni sin ti". Esto, ¿a qué nos lleva?. Irremediablemente al caos informativo absoluto en el que se venden los intereses de terceros, llegando al punto de que en no pocos sectores a los medios de información se les llama "medios de desinformación", y lo hacen, en no pocas ocasiones, de forma no poco acertada.

No son pocos los ejemplos que puedo citar para demostrar que los medios de comunicación están al servicio de intereses privados, ni mucho menos. Quizá uno de los principales usos de los medios de comunicación en favor de intereses privados lo podamos encontrar en "El Comité de Información Pública" de estados Unidos de América, en 1917, donde, en palabras del Catedrático José Antonio Montero Jiménez, en su trabajo sobre "La labor del Comité de Información Pública en España", se utilizó este método propagandístico para justificar la intervención de los estados Unidos en la Gran Guerra y expandir ese mensaje más allá de sus fronteras, llegando incluso a abrir delegaciones en España. Quizá fuera este el método que inspiró a figuras tan destacables del siglo XX como fueron J.Stalin o A. Hitler, el cual llegó a tener incluso a su propio ministro de propaganda Nazi, J. Goebbels. Ambas figuras usaron el poder de los medios de comunicación orientados a la propaganda estatal para justificar las acciones de los estados. A finales de los años 80`, coincidiendo con el momento en que los gobiernos habían pasado a ser el blanco de los medios de comunicación, la prensa británica se convirtió en un hervidero de titulares contra Margaret Tatcher, que hasta entonces había sido un icono hasta conseguir desplazarla del cargo, haciendo posteriormente lo mismo contra su sucesor, John Major. Este episodio de la prensa británica sirvió de aviso para que décadas más tarde, Tony Blair desarrollara a su favor una elaborada maquinaria de información que le respaldaría en todo momento, llegando a unos límites de manipulación mediática difícilmente comparables en la última década. No menos trascendente es la más que destapada mentira propagada por el gobierno de George W. Bush en busca de las armas de destrucción masiva que hipotéticamente almacenaba Irak en algún lugar de su territorio, usándolo como una clara excusa para entrar en ese territorio con el aval de un pueblo atemorizado que sufría pensando en la posibilidad de ser atacados en cualquier momento. Otro ejemplo ilustrativo es, sin duda la gran manipulación y censura que sufren en países como Venezuela, el cual figura en el puesto 117 de 179 en un informe realizado por Reporteros sin Fronteras en 2013, argumentando que varios medios de comunicación habían cerrado arbitrariamente y que hubo en un año, al menos 170 casos de denuncias por violencia hacia periodistas que no eran afines al régimen.

Así pues, no cabe duda de que los medios de comunicación están siempre, en mayor o menor medida, controlados por intereses privados, lo cual ha llevado a que, según una encuesta elaborada por el CIS, el 68,2 % de las personas, desconfían de los contenidos de la televisión, todo un acierto por parte de los españoles, que han sabido tasar la calidad de la información en España para no dejarse engañar. Estos resultados son un arma de doble filo porque desenmascaran la cruda realidad sobre la información en este país, pero da esperanzas de cara al ciudadano, que sabe que la información hay que mirarla con lupa.

Otro de los grandes problemas que sufre España de cara a la información, viene de la mano del coloso de Internet. Esta herramienta es, como muchas cosas en la vida, delicada. Es delicada porque la inmensidad de la misma abarca un espectro de influencia indeterminable. Solo aquellos bohemios y personas mayores que aprecian el tacto de las hojas del periódico cada mañana en sus manos, han sabido escapar a esta gran herramienta, y los que han sucumbido a ella, lo han hecho, en no pocas ocasiones, para hacer un uso deficiente de la misma. Y esto es por una razón sencilla : El periodismo, que hasta ahora se había entendido como una profesión que era llevada a cabo exclusivamente por licenciados en periodismo que escribían en diarios impresos, se ha trasladado a los teclados de los particulares, que en uso de su libertad de expresión, escriben en páginas webs, bloggs, publican en facebook, myspace y twitter, haciendo de la información un gran entramado digital que irremediablemente iba a estar lleno de mentiras, manipulaciones, artículos de subjetividad extrema etc.

Lo que en principio debería ser una herramienta que sirviera para compartir información y conocimientos de forma veraz, se ha convertido es una peligrosa fuente que puede, de un lado, inducir a error sobre ciertas cuestiones, ya sean políticas, sociales o incluso deportivas, y de otro manipular directamente al lector con datos falsos, poco respeto a la veracidad y subjetividad exacerbada. Y es aquí donde nos topamos nuevamente con la relativa incomodidad que trae el situar al derecho a la información y a la expresión en la sección de derechos fundamentales dentro de la estructura constitucional. Al fin y al cabo, están llevando a cabo una práctica avalada constitucionalmente.

En España la guerra mediática, además, ha servido sobre todo para cosas malas, pues tenemos unos medios de comunicación que sirven a intereses políticos y empresariales (los dos diarios de actualidad política más vendidos en España son diarios que defienden a los dos grandes partidos políticos españoles) y que además fomentan en gran medida el tan detestable sistema bipartidísta en el que vivimos. En un país que ha quedado tan desolado como el nuestro en tan poco espacio de tiempo, en donde tanto Partido Socialista como Partido Popular han tenido su ocasión de trabajar para España haciendo las cosas bien, haciéndolo sin éxito, es difícil entender como la prensa no aboga por dar más partido y puesta en escena a ciertos grupos políticos que quedan, usualmente, excluidos por ellos en sus portadas. Seamos claros : En España un producto se vende solo si tiene un buen envoltorio. La gente tiene menos capacidad de síntesis, de análisis y de visión política que en otros países, con lo que hacer del bipartidísmo un circo mediático de héroes y villanos que se alternan los roles, es suficiente para que una basta parte de la población se vea motivada a votar al partido cuyo medio de comunicación simpatizantc logre convencer. Es así de sencillo y así de ridículo.

Y esto que estoy contando, es, a su vez, un drama democrático que considero está lastrando a nuestro país, y me explico: Como bien comenté en el capítulo II (¿Un sistema democrático?), el incumplimiento de los programas electorales es una violación a la esencia de la democracia porque el ciudadano, motivado por las promesas de los programas, orienta su voto a un partido. Es decir, vota al partido que le representa para que obre en consecuencia y finalmente no lo hace, vulnerando completamente el sentido de la democracia representativa. Pues bien, un ciudadano de a pié, se ve también motivado, aparte de por los programas electorales, por la información que recibe de las televisiones, la prensa escrita o internet. Si los medios de comunicación sirven a intereses privados, y casi siempre tienen un color político, cabe plantearnos la idea de que la información que reproduzcan, como muchas veces sucede, se haga de forma poco veraz, omisiva o incluso falsa, con lo que el ciudadano que busca informarse sobre el estado del país puede verse fácilmente engañado por una dinámica teatral incesante que busca, a todas luces, embaucar al ciudadano más débil con titulares infundados, manipulación de datos, interpretación ventajista de las estadísticas, etc. Esto es sin duda un instrumento de manipulación social que, de una parte, atenta contra el pluralismo político (puesto que las televisiones y la prensa tradicional no se aleja del discurso PP-Psoe), y de otra antidemocrática, puesto que, de la misma forma que los programas electorales, manipulan y engañan al ciudadano que busca información.

Así las cosas, ¿Cuál es la solución?. Pues bien, la cuestión es delicada. En primer lugar, y tratando el tema que a mi parecer plantea una imposibilidad de injerencia legal de ningún tipo, es acabar con la parcialidad de las publicaciones. Como he dicho antes, las noticias son reproducidas por personas con ideales, al fin y al cabo. Así pues, no puedo pretender convencer al lector de que es posible una prensa objetiva. Ni en la televisión, ni en la radio, ni en la prensa escrita , y mucho menos en internet. Por lo tanto, demos por hecho que la información no puede ser imparcial, todo ello, por supuesto, sin perjuicio de las leyes sustantivas que protegen la intimidad personal, la dignidad, el honor y la propia imagen, y las leyes procesales sobre rectificación.

Pasando al poder de injerencia de entidades privadas sobre medios de comunicación, realmente no creo que sea justo dejar a una empresa o entidad privada desamparada de altavoz mediático por ser una entidad privada, por supuesto, pero este altavoz debería limitar legalmente a las empresas privadas a no comprar todo o parte del capital de un medio de comunicación de gran tirada (concepto jurídicamente indeterminado que debería ser tasado en función de un número de lectores diarios razonablemente alto como para difundir una información manipulada, errónea o interesada al conjunto de la población). Así se podrán prever manipulaciones informativas en favor de empresas u otras entidades privadas. Así mismo y para evitar un fraude de ley que pudiera consistir, por ejemplo, en concesiones económicas o patrimoniales por parte de las entidades privadas en favor de un medio de comunicación en cuestión para que este haga una propaganda favorable y falsa de la empresa, establecería un tipo penal de engaño masivo que atendiera a la gravedad de la manipulación social. Como ya he hecho anteriormente en este ensayo, pido al lector que se aleje de sensacionalismos, pues manipular a las masas es una práctica tan despreciable como poco ética. Todo ello lo oriento desde el punto de vista de que la verdad, por muy interpretable que sea, no lo puede ser tanto para convertir lo negro en blanco.

Por último, y para tratar de dar una breve respuesta a la injerencia del poder político en los medios de comunicación, debemos decir que la cuestión es delicada. Cualquier tipo de malinterpretación de mis palabras puede entenderse como una censura, pero esto no es así, puesto que la censura es previa y lo que yo planteo es un control de la calidad informativa hecha a posteriori, alejada de la figura del censor. Lógicamente, si una cadena de televisión o un periódico, o un blogg de internet tiene unos ideales políticos concretos, no podemos hacer nada. Están en su uso de la libertad de expresión y pueden alabar la actuación del grupo político en cuestión. Cosa distinta es la televisión pública. La televisión financiada con dinero de los contribuyentes, tiene que ser totalmente imparcial, para abarcar el interés de un servicio que ha pagado tanto el contribuyente que ha votado al Partido Popular como el que ha votado a Izquierda Unida. Yo daría un giro revolucionario a la concepción clásica de televisión pública, que siempre ha destacado por ser el altavoz mediático del grupo político que gobierne en según qué momento. En mi opinión, la televisión pública debería ser el instrumento de información más veraz que exista en un país. Al ser una televisión financiada por todos, la haría independiente totalmente del poder público y la ordenaría a gestionar por periodistas (presentadores, redactores, guionistas, productores etc) que accedan a los cargos mediante exámenes de estado, valorando el rigor, la profesionalidad y el conocimiento del periodista, estando sometido a un estatuto disciplinario que incompatibilice la manipulación, la mentira o la omisión de las informaciones con el cargo que ostenta, pudiendo ser removidos del cargo si la jurisdicción competente entiende que se ha manipulado dolosamente al pueblo desde una emisora pública financiada por los propios ciudadanos. De igual modo, y como sucede con los cargos políticos, este cargo que personalmente considero de una sensibilidad especial por el grado de influencia que puede tener sobre el ciudadano, estaría sujeto a unas ciertas incompatibilidades a posteriori que pasarán por entrar a formar parte de las actividades de empresas privadas de sectores estratégicos , ni ellos, ni sus parientes o afines hasta el cuarto grado, evitando así que se haga algún trato entre la empresa privada y el presentador, guionista o redactor que pase por informar positivamente sobre ella a cambio de un puesto en la empresa. Para pulir el efecto de la transparencia, los cargos deberían ser, a mi modo de ver las cosas, temporales, para que la imagen de los periodistas se renueve y no se asocie en ningún momento con un grupo político. Por supuesto estos cargos que accederán por examen de estado lo harán en relación a los espacios televisivos que abarquen temática política o análoga. Es decir, "Saber vivir" lo puede seguir presentando Torreiglesias sin problema alguno. Una televisión compuesta por personas de distinto sesgo ideológico (es decir, plural), y que no tenga ningún tipo de injerencia política, es una televisión transparente, y con ello una información fiable que pueda influir positivamente en la construcción de un juicio de valor por parte del ciudadano en relación a la actualidad política del momento, creando personas más críticas, menos manipulables y con más sentido de la democracia.

5.4.2. Los medios de comunicación como herramienta de educación social.

Ciertamente, como bien coinciden en señalar psicólogos y pedagogos, la personalidad del individuo se forja y se nutre, al margen de los factores heredados, de los factores adquiridos en el ambiente y experiencias personales. Así pues, y con estos datos, no cabe ninguna duda de que la personalidad de los individuos es moldeable, y así lo afirma en su ensayo sobre la personalidad escrito por D. Manuel Álvarez, director del centro psicosomático de Sevilla, quien, en "El efecto Gioconda", describe la evolución de la personalidad en los seres humanos, y en la cual, dice, "la influencia de quienes nos rodean, tiene un efecto de magnitud inimaginable". Otros psicólogos además, coinciden unánimemente, en que la experiencia es otro factor que incide directamente en las personas. Así pues, si una persona se rodea de gente y experiencias que fomentan valores como el gandulísmo, la apatía, el parasitismo y la mala educación, muy probablemente esta persona desarrollará, como es lógico, una personalidad análoga. Y es aquí donde España encuentra uno de sus grandes quimeras en cuanto a educación social se refiere.

Dejando aparte la influencia negativa que puede tener la educación de un niño educado en un ambiente familiar hostil o poco correcto, que daría para un libro de psicología entero, en el problema de la educación en España influyen directamente, los medios de comunicación.

En primer lugar, por ser el medio que todos hemos conocido primero, la televisión. Es quizá la herramienta de comunicación más usada para manipular a las personas. Y hablo de manipulación en el sentido más turbio de la palabra, pues uno puede colar una mentira en televisión, que estaría manipulando, pero aquí hablo de manipular directamente la personalidadcon una serie de contenidos que dan pura vergüenza ajena. La pluralidad de cadenas que nos ha ofrecido la Televisión Digital Terrestre ha servido en no pocos casos para alimentar mentes ansiosas del morbo más asqueroso, de ese morbo del que niñas y niños sin cultura desean saciar día a día, ese morbo que nace de un cocktail de estupidez, sexo, malos modales, superficialidad y cotilleos, ese morbo que, en resumen, sume a la persona en un estado constante de ausencia de la masa gris que distingue a las personas de meros consumidores de basura mental, el morbo de los Cotos, las Carmeles, los Jorge Javieres, los nanos, las tetas, las mujeres, los hombres, y viceversa. Desde luego, la oferta audiovisual que nos plantean muchas cadenas de televisión, por no decir todas, es, en muchos casos, muy poco nutritiva e instructiva, y por lo general, se prefiere el share a la calidad. Para fortuna de los productores televisivos, calidad y share no son palabras que en mundo de la televisión vayan unidos de la mano, pues podemos observar como en las grandes cadenas se opta por una oferta que deja muchísimo que desear. Programas que ocupan varias horas al día en la televisión como "Sálvame", en el que un grupo de pseudo periodistas comparten plató para destapar las más bajas pasiones de terceros a los que persiguen los tan odiosos paparazzi, o "Mujeres y Hombres y Viceversa", donde el requisito principal para participar es tener un buen atractivo físico y el inverso proporcional mental, o "Gandía Shore", donde un grupo de niñatos se encierran y conviven a base de enseñar músculos y hacer el imbécil, hacen de nuestra televisión un espacio que necesariamente corre el riesgo de ser visualizados por personas que llegan a creer que esos estilos de vida son los correctos para alcanzar fama o incluso para ganarse la vida, y que fomentan estilos de vida parasitarios, machistas, oportunistas y, en resumen, nocivos para cualquier persona que aprecie la cordura, el saber estar y el respeto por el género humano.

Estos contenidos afectan negativamente a la educación de las masas sociales, sobretodo porque la ratio que alcanzan es inigualable por ningún otro medio de comunicación. Ni siquiera internet, hasta el punto de haber conseguido que el universo casi eclosione al ser artífices de una obra de incongruencia tal que es difícil de llegar a entender, y es que una Biografía de Belen Estéban de la editorial Espasa se colocara entre los libros más vendidos en España durante el año 2013. Es por ello que en mi opinión, los contenidos de la televisión deberían estar más controlados. Desgraciadamente, atentaría contra mis propios principios censurar los programas que he citado, puesto que objetivamente hablando son las leyes de la oferta y la demanda televisiva. Sin embargo, creo que el estado si que tiene la obligación de ubicar correctamente los programas en un formato y franja horaria adecuada. Lógicamente es algo a lo que no accederían jamás, puesto que ello redundaría en desplazar de los horarios de tarde a los de noche o madrugada. Sin embargo, no es demagogo advertir que estos contenidos en estas franjas horarias corren el riesgo de ser visualizados por niños y adolescentes y algún adulto que tiene su personalidad aún por forjar y que se puede ver movido por esta serie de programas para complementar en mayor o menor de vida su fuero interno, pues, al fin y al cabo, estos programas también son experiencia que modifica a la persona.

Otra herramienta de comunicación que mal empleada puede convertirse en un problema, es internet. Internet es, en síntesis, una herramienta que reproduce en un ordenador cualquier contenido audiovisual que exista en la red, y esto incluye una serie de contenidos que pueden llegar a ser nocivos sobre todo cuando hablamos de menores. Es una cuestión de la que vienen advirtiendo los pedagogos y los maestros, puesto que un menor se ve igual de motivado por los contenidos de internet que por los televisivos. Es, simple y llanamente, la misma cosa. Por lo tanto, considero que Internet debería estar sometido a un control más riguroso por parte de, primero los padres, y luego las instituciones.

Lógicamente, internet y su intríngulis es tan grande que hablar de controlar sus contenidos es casi un imposible, pero creo que se puede avanzar en la buena dirección. En primer lugar, la medida principal que yo tomaría, lo haría en relación a las redes sociales que tantos problemas han traído al ser usadas de manera perjudicial. En mi opinión, ningún menor de catorce años tiene la necesidad de usar una herramienta de este tipo. Y esto es incontestable. Por supuesto, tampoco lo es para el resto de las personas, pero sobretodo a esa edad esta herramienta ofrece un mundo de posibilidades al menor que no son necesarias de experimentar a esa edad y que le pueden distraer de cuestiones más importantes como la educación, tanto académica como personal, que se debe forjar de una forma más dinámica. Así pues, a las redes sociales que operen en España les impondría una obligación muy sencilla para operar en España, legislando previamente en este sentido, y es el de prohibir la entrada a menores, pero de una forma seria, pues hay normas de acceso que pasan por no ser menores de "x" años, pero que son fácilmente engañables con simplemente cambiar el año de nacimiento del usuario. Yo considero que un trabajo de colaboración entre el estado y la red social es suficiente para vetar el acceso a menores de catorce años, y creo que aportaría un bien social importante. Sobre todo es en relación a las redes sociales sobre lo que me quería mencionar en este punto, pues otra serie de contenidos como pornografía, blogs de contenido adulto en cualquiera de sus formas u otros nocivos, deberían ser controlados por los propios padres, primero mediante un ejercicio temprano de concienciación de que Internet es una herramienta peligrosa y que se debe usar con cuidado, y después mediante los numerosos programas que desactivan webs con ciertos contenidos, pero esto es ya una cuestión de gestión familiar.

En resumidas cuentas, los medios de comunicación son un instrumento vital en el desarrollo de la personalidad de los individuos, con lo que considero que el estado, con el fin de garantizar una educación social de calidad, debería controlar ciertos contenidos de las televisiones privadas y erradicarlos directamente de la televisión pública.

CAPÍTULO VI: EL PROBLEMA FINANCIERO ESPAÑOL

6.1 Introducción.

Cada país tiene un sistema formado por instituciones y

regulado por leyes destinadas a canalizar el ahorro de aquellas unidades económicas con superávit para redistribuirlo entre aquellas unidades que necesitan de ese ahorro para generar más riqueza. En este juego económico, cobran vital importancia los gobiernos, las grandes empresas y los bancos. Un triángulo financiero que bien dinamizado, puede dar los frutos esperados o que, de lo contrario, puede suponer la ruina absoluta de un país. Para su buen funcionamiento, el estado español ha confeccionado una serie de preceptos normativos que ordenan la dinámica del sistema financiero. El artículo 149.1.11 y 13 de la Constitución española, en su desglose de competencias en contraposición a las competencias de las Comunidades Autónomas, ha establecido que el estado tiene competencia exclusiva sobre las bases de la ordenación del crédito, banca, seguros y coordinación de la planificación general de la actividad económica. A partir de ahí, se desarrolla la normativa básica sobre el sistema financiero (Ley 44/2002 de 22 de Noviembre sobre medidas de reforma del sistema financiero), la ley de autonomía del banco de España, la ley general presupuestaria, la ley sobre disciplina e intervención de las entidades de crédito, la ley 31/ 1985 de 2 de Agosto de Regulación de las normas básicas sobre órganos rectores de las Cajas de Ahorros y algunas otras leyes que han sido las bazas jurídicas utilizadas como escudo en este país para hacer de España un circo financiero.

En este capítulo analizaré, consultando diversas fuentes, el impacto que han tenido los tres integrantes de este triángulo sobre el que me he mencionado (estado, Bancos y Mercados), sobre la economía y el sistema financiero español para que la situación actual esté como está. No cabe duda de que entre los tres se conforma un amalgama de poder y dinero que tiene tantas lecturas como puntos de vista haya, con lo cual el análisis de ciertos aspectos, y más teniendo en cuenta la tecnicidad del asunto, se vuelve ardua, por lo cual trataré de ser lo más pedagógico e ilustrativo posible.

6.2. El Poder estatal como instrumento organizador del sistema económico y financiero.

Tanto el mercado como el banco (a excepción, lógicamente de aquellos instrumentos de crédito de naturaleza pública), son entes que responden a intereses privados, con lo que la naturaleza de la participación de los mismos dentro del sistema económico de cualquier estado, responde única y exclusivamente a una relación de subordinación entre ellos y el estado, que una vez verificada la voluntad popular, integra en el sistema estos dos importantes factores económicos para desarrollar la vida financiera en él y regula su funcionamiento para evitar colapsos, abusos y demás situaciones comprometidas para la economía de las familias. Es por ello que no podemos parar de dejar claro desde el primer momento que el estado español tiene una responsabilidad directa en la economía del país, más allá de que se diga que "el mercado controla el país" o que " los banqueros son unos ladrones", que si bien esto puede ser cierto en mayor o menor medida, no hay que olvidar que estos están subordinados a unas reglas de carácter jurídico que ha establecido el poder político, con lo cual podemos afirmar que más allá de los intereses privados de los bancos, la situación de España pasa por una mala regulación permitida por el poder político. Es en este punto donde nos tenemos que preguntar :¿Hasta qué punto nos protege el estado del poder de los bancos? .

Con la liberación del suelo durante el gobierno de D. José María Aznar mediante la ley 6/1998, el mercado inmobiliario se erigió como el sector económico con más potencial para movilizar el mercado español, con lo que el revulsivo que sufriría la economía sería suficiente para agilizar el motor económico del país. Es en este momento donde vemos que, a todas luces, la práctica política desempeñada por el entonces Presidente del gobierno, era directamente una mano por encima del hombro al mercado inmobiliario e indirectamente a las entidades de crédito, que verían su actividad acelerada al recaer en ellos la función del crédito tan necesaria para cualquier persona a la hora de adquirir una vivienda. Podemos pensar, para no ser tan sensacionalistas y leer los hechos desde ambos puntos de vista, que quizá esta estrategia sirviera también para fomentar el empleo y aumentar la riqueza de las familias españolas, pero sin embargo esto no fue más que un espejismo de personas que de repente creyeron ser ricas y convirtieron el "pan de hoy" en "hambre de mañana", por no mencionar los numerosos estudios de expertos que ya entonces vaticinaban un desplome económico irremediable en lo que años más tarde todos conoceríamos como "burbuja inmobiliaria".

Esta puesta en escena del sector inmobiliario produjo que la actividad de los bancos se multiplicase y que el dinero fluyera más rápidamente, sin que ello pudiese, sin embargo, ser contemplado como algo bueno, principalmente porque los bancos tienen intereses privados y el principal cliente del banco es el ciudadano de a pié, con lo que irregularidades en la gestión, legislación o control de los bancos, iban a ser daños sufridos irremediablemente por las personas, y conforme a ello, podemos poner más de un ejemplo muy sonado en los últimos años, en los que ha quedado patente que el poder público ha legislado en favor de los bancos:

En primer lugar, podríamos citar la política empleada por los gobiernos en relación a los desahucios: Las personas, inmersas en un sistema de crédito que las compañías de marketing se habían preocupado de pintar de azul, pedían créditos a diez, veinte, o incluso cuarenta años. Es entonces cuando uno piensa en dos de las frases más conocidas en el mundo de la banca y la economía: "La banca siempre gana" y "la economía son ciclos". Si atendemos a estas dos frases, descubrimos rápidamente que el juego es mucho más sencillo de lo que uno puede imaginar. El banco otorgaba el crédito hipotecario a treinta años a cualquier persona que ofreciera una garantía menos que mínima, esperando que el cliente, religiosamente, pagara las mensualidades que le correspondieran hasta cubrir el préstamo y los intereses. Sin embargo, dado que la economía va por ciclos, era de esperar que este ciclo se agotase y que la capacidad de solvencia de los clientes descendiera o desapareciera de un momento a otro, y más aún cuando se trataba de un sector que por su propia naturaleza se acaba agotando, como es el del ladrillo. En ese momento, que podemos hacer coincidir con el comienzo de la tan sonada crisis, el cliente se encontraba con una situación patrimonial negativa o muy negativa. Sin trabajo y con la letra del coche y la hipoteca a sus espaldas. Es aquí, en este punto, donde el ciudadano espera que el estado en el que paga impuestos, le ampare de una forma razonable a través de una legislación beneficiosa. El gobierno, en este punto, lejos de favorecer al ciudadano, establecía una legislación tirana, abusiva y que favorecía a la banca, haciendo de esta dualidad un arma muy combativa: El poder político y el poder económico, contra un ciudadano que había caído en la trampa y ahora estaba solo.

El desahucio es aún hoy en día la principal herramienta de trabajo del gobierno para con los morosos hipotecarios. Y no solo eso, sino que el desahucio no es una dación en pago; es decir, el entregar la casa al banco para cubrir el crédito hipotecario no es suficiente en muchos casos, pues donde el ciudadano había pedido un crédito para pagar una casa de por ejemplo 400.000 Euros, ahora esta está tasada en 150.000 Eruos, debido al declive del mercado inmobiliario. Si el ciudadano sucumbe ante la crisis habiendo pagado 75.000 Euros de la hipoteca, entregar la casa, entiende la ley, no es suficiente para cubrir el crédito de 400.000 Euros, quedando el ciudadano sin casa y con una deuda de 175.000 Euros. Un despropósito absoluto que juega en contra del débil, sin lugar a dudas. La entrega de la vivienda, opino, debería ser garantía suficiente para satisfacer el crédito, dado que no es el ciudadano, ni mucho menos, el culpable de que el mercado inmobiliario haga caso omiso de la prohibición constitucional de especular con la vivienda.

Cierto: las personas se tienen que hacer cargo de lo que gastan y de cumplir las obligaciones contraídas. Pero el juego se había preparado de forma abusiva, sin ningún tipo de restricciones legales y las consecuencias solamente serían perjudiciales para el ciudadano, con lo que el desahucio en masa dejó unas cifras desoladoras en nuestro país (de unos 520 desalojos forzosos al día), privando del derecho a la vivienda digna (que es un derecho constitucional que debe ser considerado como de primer orden e importancia). Es aquí donde el gobierno incumple su labor de proteger al ciudadano ante este tipo de abusos, y el principal aval de esta tesis, es la respuesta que da la abogada del Tribunal de Justicia Europeo, Juliane Kokott, dictaminando que la ley de desahucios en España violaba la directiva 93/13 por permitir la aplicación de cláusulas abusivas en los contratos de préstamos hipotecarios. Es decir, el estado no interviene de ninguna manera ante la oleada de contratos abusivos que se firman en España en pleno boom inmobiliario, el ciudadano se ve afectado por un sistema económico que hace aguas y encima la solución es desahuciarle violando numerosos tratados suscritos por España en materia de derechos humanos y que aún después de dar la casa, siga teniendo deuda. Es sin duda uno de los actos de cobardía y avaricia más detestables que se pueden llevar a cabo dentro de un sistema económico, pero con nuestros gobiernos, ha sido posible.

* El peso de la economía recae sin pensarlo un segundo en el esfuerzo de las familias de clase media, que sufre las consecuencias de una banca tirana apoyada por gobiernos tiranos

Otro gran ejemplo es, sin duda el tan sonado asunto de las participaciones preferentes, en el que un abuso de la banca en sintonía con una absoluta pasividad por parte del gobierno, generó una estafa (en el sentido más absolutamente penal de la palabra) del banco para con los clientes (y ciudadanos españoles) de los mismos. Además, en el caso de las participaciones preferentes el asunto es agudo en un doble sentido, puesto que los directores de las cajas de ahorro que han puesto en marcha esta estafa a gran escala, son antiguos cargos políticos, como Rodrigo Rato en Bankia o Narcís Serra en Caixa Catalunya.

La mala gestión de las cajas de ahorro, propiciada en gran medida por estos cargos políticos, habían llevado a las cajas a una situación económica muy frágil, con lo que requerían de capital para seguir funcionando. En un contexto de crisis económica, son pocos los inversores que van a invertir su dinero en una caja, con lo cual la solución pasó por convencer a los clientes de las cajas de ahorros de que invirtieran su dinero ahorrado en un producto al que ellos llamaron "participaciones preferentes", de una complejidad suficiente para que quienes firmaron el contrato, lo hiciesen sin conocimiento de ello o engañados, descubriendo tiempo después, al intentar sacarlo de la entidad, que lo había invertido a cien, doscientos o incluso a casi mil años, como le sucedió a un empresario de Castellón que invirtió 36.000 Euros hasta el año 3000 en este producto. Por lo tanto, convertían a los clientes, sin saberlo en "accionistas". En síntesis, el producto se vendía como una inversión breve y segura, cuando realmente se trataba de poner a disposición del banco el ahorro de las personas de forma casi permanente, sin posibilidad de recuperarlo en largos período de tiempo, haciendo muy difícil su cobro incluso por los descendientes de los estafados.

Desde el punto de vista civil, el problema no plantea mayores problemas: El contrato requiere de un elemento esencial como es el consentimiento de las partes, como bien dice el artículo 1261 del Código Civil. El artículo 1265 por su parte establece que será nulo el consentimiento prestado mediante error, dolo o intimidación. Teniendo en cuenta que el producto que vendían era de una complejidad económica importante y que en muchos casos no se explicaba o incluso se llegaba a engañar a los clientes sobre la posibilidad de sacar el dinero tras la inversión, no cabe duda de que el consentimiento está viciado, con lo cual el contrato sería nulo. No solo eso, sino que además los hechos explicados coinciden directamente con el delito de estafa tipificado en el código penal en su artículo 248, con lo que a parte de la responsabilidad civil se puede, con la ley en la mano, acudir a los tribunales de justicia penal para exigir responsabilidades.

Así las cosas, ¿Cómo se ha desarrollado el asunto en

cuestión? ¿Cómo ha reaccionado el estado español al respecto?. Respecto a la punibilidad de los hechos (Es decir, desde el derecho penal), el Fiscal General del estado español, D. Eduardo Torres- Dulce, en un claro acto de ó a)ignorancia hacia las instituciones penales establecidas, ó b)contaminación política , dijo públicamente que solo se entenderían conductas dolosas (y con ello punibles) aquellas ventas de participaciones preferentes a personas muy mayores o a analfabetas, eximiendo de toda culpa a cualquiera que hubiese vendido el producto a otra persona, obviando obscenamente que el producto en cuestión, si no es explicado de forma entendible, puede causar confusión en cualquier persona que no tenga conocimientos de derecho, economía, banca o contabilidad, es decir, que no es un producto que pueda ofrecer dudas únicamente a personas mayores y analfabetas. Sin duda, estas declaraciones del Fiscal General del estado no se hubiesen dado de ser este una institución independiente del gobierno, como explico en el primer capítulo, "El problema constitucional".

La solución que ofrecía el poder político, alegando que la vía judicial sería muy lenta para los demandantes (o querellantes), además en clara sintonía tanto Partido Popular como Partido Socialista, era acudir a un arbitraje en algunas de las entidades que habían ofrecido el producto, como Caixa Galicia, Bankia y Caixa Catalunya, todas ellas cajas en las que había mayoría de gestores del Partido Popular y Partido Socialista, lo cual tendría un efecto claramente favorable para los directivos que habían estafado a los clientes, y es que al no ser un delito perseguido de oficio, y al no poder un árbitro dictar un laudo penal (solamente se puede hacer de forma civil), las responsabilidades penales de estas personas quedarían sin juzgar. Un claro ejemplo de corrupción política a un nivel escandaloso, donde los que estafan son los que antes habían hecho la ley y los que tienen compañeros en el gobierno que les avalan. Para más inri, el arbitraje, al tratar de poner solución a un problema de tan gruesa importancia, iba a ser supervisada por el Banco de España.

Para entender esto último debemos decir que el Banco de España es el principal supervisor del sistema bancario español, con lo cual eran ellos mismos los encargados de dictaminar en su momento si las participaciones preferentes eran o no un producto favorable, cuyo gobernador, por cierto, es nombrado a propuesta del presidente del gobierno. Es decir, la institución que había hecho la vista gorda cuando las cajas de ahorros estafaban a sus clientes, ahora iba a supervisar el arbitraje, un sinsentido asombroso que agota la lógica de que quien dicta una resolución a un conflicto, no puede estar involucrado en la cuestión por no ser imparcial.

Un último ejemplo, podrían ser las declaraciones de D. Julio Rodríguez López, ex presidente del Banco Hipotecario y de la Caja de Granada, quien dijo abiertamente que la legislación entorno al sistema legislativo hipotecario es "muy favorable al banco", y que apostaba por una reforma de la ley de ejecución hipotecario y de del Código de las Buenas Prácticas para el sector financiero. Entre muchos de los preceptos abusivos que contempla la ley de ejecución hipotecaria, el ex presidente mencionaba que los intereses de demora se calculaban entorno al triple del interés general del dinero, y demandaba rebajar ese interés al doble y en algunos casos suspenderlos. Se ha mostrado también favorable a la dación en pago ,dar el inmueble en caso de insolvencia para saldar la deuda, cuestión bastante lógica como ya he explicado. Otra propuesta de este "rebelde del sistema financiero" es que en caso de desalojo se ofrezca al afectado la posibilidad de renegociar las cláusulas del contrato, como aumentos de plazos, y ha defendido la posibilidad de crear parques de vivienda para el alquiler social, como yo mismo he defendido en otros capítulos del ensayo. Que estas propuestas vengan de una persona que pertenece al mundo del banco y no de la política, me hacen pensar que el poder político no tiene solución, y que lógicamente, la soberanía popular es una broma de mal gusto. La voluntad del pueblo no puede ser que el propio pueblo sucumba ante una legislación tan favorable para el banco y tan perjudicial para los ciudadanos.

Estos tres ejemplos sirven para dejar patente que el poder público no cumple con su función principal, que es la de asegurar a sus ciudadanos unas condiciones de vida aptas y dignas. El poder político, una vez más, es responsable directo de las miserias que vive España. En mi opinión, avanzar en el sentido que me he mencionado otras veces, privando a cualquier cargo público formar parte de grandes entidades privadas, y evitando la contaminación entre sectores para evitar vergüenzas como las declaraciones del Fiscal General del estado en materia de preferentes, es avanzar en la buena dirección. Esto no son más que consecuencias de no obedecer a criterios más democráticos justos como los que he ido narrando a lo largo del ensayo. De momento, el problema está sobre la mesa.

6.3. La banca en el desorden del sistema financiero.

No nos confundamos ni nos dejemos engañar por burdas teorías que relacionan a los bancos y al poder financiero con el mal absoluto de la humanidad. Para conseguir alcanzar ciertos objetivos, ya sea individual y socialmente, la banca desempeña un papel muy importante. Básicamente, la banca cumple una función social muy sencilla, y de haber continuado funcionando con esos estándares, la imagen de la banca podría no solo no habérsele asociado con el demonio codicioso que hoy es, sino que se le hubiese podido asociar a una institución necesaria más, dentro de cualquier sociedad. Sin embargo, el capitalismo abusivo y excesivo en el que vivimos hoy en día, donde, como hemos visto, la precaria clase política legisla en favor de los intereses privados de los banqueros, ha hecho que la cuestión no sea así.

La función de la banca surge con una idea muy sencilla: Los ciudadanos que han ganado dinero con su trabajo llevaban sus ahorros a un banco, donde allí este era ofrecido a emprendedores. Estos emprendedores pagarían un interés por el préstamo que irían pagando conforme la actividad de su negocio se desarrollara. Así conseguíamos que ganara el banco (cobrando parte de los intereses que paga el emprendedor), que ganara el inversor (cobrando intereses por tener su dinero en el banco), que ganara el emprendedor (que recibe el préstamo para hacer funcionar su negocio), y que ganara la sociedad en su conjunto (pues esta operación realizada muchas veces por personas distintas fomenta el empleo y la riqueza de un pueblo). Por lo tanto vemos que la función de la banca puede ser una función social si esta se hubiese mantenido en estas líneas.

Empecemos por el principio: La riqueza de los pueblos y de las personas se calculaba en base al oro. El oro tenía un valor que podía aumentar o disminuir, y era quien dictaminaba la riqueza que cada uno ostentaba. Como el oro era muy costoso de transportar, este era invertido en los bancos, quienes a cambio del oro daban billetes, que no son otra cosa que pagarés que venían a simbolizar una parte del valor de ese oro, y era ese billete el que se usaba como moneda de cambio. Por lo tanto, si yo invertía en el banco una onza de oro cuyo valor eran 1.300 dólares (el precio del oro se empezó a calcular en base al dólar), el banco me debía dar pagarés por valor de 1.300 dólares. Llegó un momento en que los banqueros se dieron cuenta de que ellos podían emitir más pagarés que oro sin que nadie se diera cuenta, y esta es la denominada "riqueza financiera". El banco tiene cien pero reparte mil entre sus clientes, creando de la nada 900 Euros. Este sistema financiero se basa en una relación de confianza entre la banca y el cliente que pasa porque el cliente pague el crédito que ha pedido, devolviendo entre todos los 900 Euros que no existían más los intereses, a través del trabajo de las personas. Esto se conoce como "sistema de reserva fraccional".

Es entonces cuando el valor del dinero se para de calcular en base al oro, puesto que a los bancos se les había ofrecido la posibilidad de crear dinero de la nada, llegando hasta el punto de que los economistas calculan que solamente el 5% del dinero del mundo es real. Para controlar en cierta medida esta práctica, se impone a los bancos el denominado "requerimiento fraccional de reserva", que es aquella cantidad de dinero que puede crear un banco en atención al su coeficiente de caja, es decir aquel dinero de verdad que posee. Por lo tanto, son los grandes bancos los que tienen más libertad para crear dinero, pues son ellos quienes poseen mayor coeficiente de caja. Ahora bien, ¿Cuánto "dinero de mentira" se puede crear a partir del coeficiente de caja?. Según el Reglamento de la Unión Europea 1745/2003 del Banco Central Europeo de 12 de septiembre de 2003 relativo a la aplicación de las reservas mínimas, el coeficiente de caja está en un 2%, es decir , que por cada 2 euros de verdad, el banco tiene poder para crear otros 98, e incluso en un 0% para los depósitos a más de dos años, lo cual significa que el banco puede, en resumen, crear todo el dinero del mundo sin restricción alguna. En la práctica, el dinero lo crea el banco cada vez que una persona pide un crédito. El crédito se le ofrece en "dinero de mentira". Dinero que no se corresponde ni con una reserva de oro ni con el trabajo de alguna persona. El único que aporta algo real es el cliente, pagando con dinero obtenido de su trabajo , o si se ha quedado sin dinero, entregando su casa. Así, de esta forma, si el cliente no puede pagar el crédito (que recordemos se le ha ofrecido creando dinero de la nada), el cliente queda en deuda con el banco y puede perder su coche, su casa y mensualidades de su trabajo. Riqueza que ahora si se corresponde con la realidad, pues la casa y el coche cuestan algo, así como las mensualidades que se derivan del trabajo del ciudadano. En el contexto de crisis que vivimos, los bancos han perdido el control sobre sus operaciones financieras, y en muchos casos han necesitado ser rescatados directamente con los impuestos de las personas. Una operación a la que muchos han denominado "la gran estafa", con mucho acierto a mi entender.

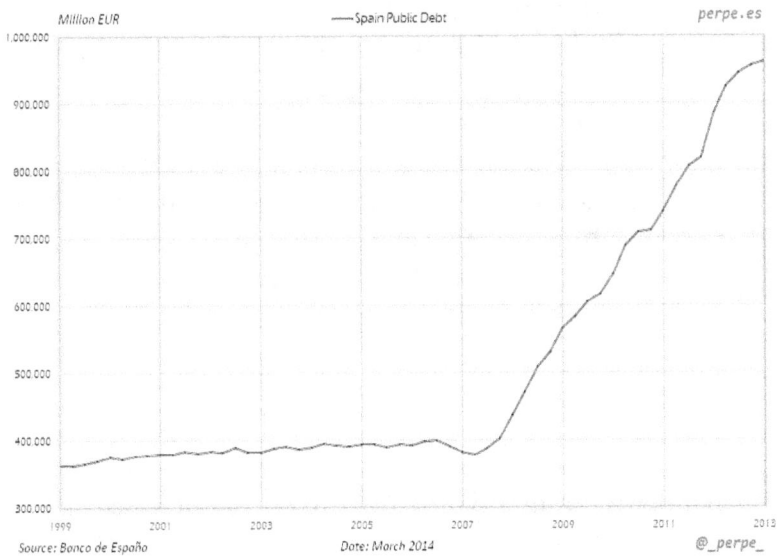

* *La desorbitada deuda pública española encuentra su principal responsable en un descontrol absoluto por parte de la banca como fruto de la burbuja inmobiliaria. La deuda pública española asciende a 700.000 millones de Euros.*

Como he dicho, este sistema financiero podría haber obtenido sus frutos si se hubiese manejado de forma responsable y se hubiesen otorgado préstamos a emprendedores y personas solventes sin "imprimir dinero".

Sin embargo, la filosofía de los bancos durante los últimos años del siglo XX y los primeros del XXI fue la de otorgar todos los créditos del mundo y más, de forma que el colapso económico sería claro en caso de cambio de ciclo económico, pues todo ese "dinero de mentira" que se había prestado a particulares y que no había sido devuelto es capital que le falta a las entidades bancarias, con lo cual el dinero que necesitan los emprendedores para crear riqueza para la sociedad ya no existía, pues la banca había parado de cumplir la función social para la que debería haber sido creada. El resultado en España es una media de 180 empresas que cierran al día por no poder operar por falta de capital. 370.000 Empresas cerradas en 2011 y 400.000 en 2012, todas ellas, en su mayoría, PYMES, que son la base de la economía española. Todos conocemos a muchas personas que trabajan en PYMES, y son estas personas las que ven peligrar sus puestos de trabajo.

Esta barbaridad bancaria en la que hemos participado todos, nos ha llevado a una situación delicada, tanto desde el punto de vista público como privado. La economía pública española tiene una deuda de 700.000 millones de Euros. Y la economía privada, esa que está compuesta por las personas de a pié, está endeudada en 1 billón 800.000 Euros de los cuales muchísimos están invertidos en inmuebles que ahora tienen los bancos y que no dan ninguna rentabilidad ni al banco ni al antiguo propietario.

Estamos, simple y llanamente, en un estanque económico sin fluidez. Además esta situación tan precaria de la economía española nos afecta de cara al futuro, puesto que los bancos que están financiados en el extranjero, tienen un tipo de interés mayor. Es decir, dado que somos un cliente "poco solvente", es normal que nos exijan un interés mayor, puesto que a las entidades que financian nuestros bancos les cuesta más dejarnos dinero a los españoles. Desde luego ese interés no lo paga el banco, sino que se traduce en un aumento del interés por parte del banco para con los clientes. La banca siempre gana.

Como he dicho, este triángulo está amalgamado y la sintonía entre ellos es tan mecánica como el sistema de propulsión de una bicicleta. Los mercados, por su parte ofrecen el producto que el ciudadano querrá adquirir, y por su parte el poder político legisla a favor de los bancos. Cuando un banco se queda sin dinero, acude al Banco Central Europeo, el cual crea dinero de la nada a un bajo interés, pongamos un 1%, por ejemplo. Con este dinero los bancos especulan, por ejemplo comprando deuda pública a un interés más elevado, al 3% por ejemplo, aumentando así su riqueza. Estas son operaciones que lógicamente, solo benefician a los bancos, no a los ciudadanos, porque si el dinero es tan sencillo de crear, sería más cómodo crear el dinero directamente para las PYMES y que ellas lo devuelvan al estado sin necesidad de que intermedien los bancos. Sin embargo, es aquí donde los cargos políticos entran en acción, pues una legislación favorable para los bancos y las grandes empresas del mercado que conforman este triángulo, se traduce posteriormente en un cargo como asesor o consejero en estos bancos. Ejemplos ilustrativos de esto que acabo de mencionar son D. Pedro Solbes, ex- ministro de economía de España, que ahora es consejero de Endesa y de Barclays Bank, Mario Monti, primer ex primer ministro Italiano es ahora asesor de Goldman Sachs, Rodrigo Rato, ministro de economía con Aznar y posteriormente director del FMI y asesor del Banco Santander, William D. Dudley, quien fuera presidente de la Reserva Federal New York Bank y que posteriormente ostentó el cargo de economista jefe de Goldman Sachs, Luis de Guindos, Minstro de Economía en España al que se lo ofreció el cargo de Presidente de Lehman Brothers Spain, Peter Sutherland, procurador general de Irlanda y ahora miembro del consejo de Goldman Sachs, y un largo etcétera de cargos políticos que posteriormente acaban en grandes lobys financieros. Por supuesto siempre podrán alegar que tener en sus filas a ministros de economía o altos cargos de la política económica de los distintos países es un prestigio para estas entidades, pero es algo turbio más aún cuando el sistema se ha confeccionado por los políticos de forma tan ventajosa para los bancos.

6.4. El efecto de los mercados en la actual economía capitalista.

Personalmente, considero que el problema no es el capitalismo. El capitalismo es un modelo económico que bien empleado y regulado puede dar frutos. Se basa en la puesta en escena de una figura esencial como es la del empresario, que asume el riesgo y ventura de las operaciones mercantiles mediante un proceso de inversión que bien enfocado deriva en creación de empleo, consecución de beneficios y creación de riqueza, a partir de la cual se aprovecha el estado de forma razonable mediante la imposición de impuestos para la elaboración y fabricación de medios e infraestructuras destinadas al bien social común, en un intento de conseguir el denominado "estado de bienestar" o "welfare state". Sin embargo, el capitalismo que hoy vivimos es un capitalismo agresivo, que se ha impulsado con el objetivo no de satisfacer a las necesidades sociales, sino a las necesidades exclusivas de los empresarios. Nos hemos olvidado de que este modelo económico tiene su razón de ser en un factor de solidaridad social, para asumir entre todos que la figura del empresario avaro, con bombín, monóculo y bastón, es la normal. La economía actual es una sintonia ideal entre bancos, poder político y mercados que olvidan totalmente al ciudadano de a pié, olvidando completamente que ese 99% de la población a la que discriminan y maltratan económicamente, son el motor, ya no solo de la economía propiamente dicha, sino de la sociedad en su conjunto.

* El IBEX 35 es el principal referente del índice bursátil, en la Bolsa española, y está compuesto por las 35 empresas con más liquidez.

Como digo, el capitalismo se ha desarrollado de una forma peligrosa, propiciada por las grandes empresas y el poder político, que influyen directamente en la creación de empleo. Es aquí donde está el problema realmente: Las empresas, dirigidas por personas que buscan beneficios por encima de todo, son las encargadas de crear empleo en una economía capitalista. Es por ello por lo que los mercados influyen tan directamente en nuestra sociedad. Ahora bien, ¿Cómo se ha desarrollado el capitalismo empresarial en España (y en otros muchísimos países)?. Alberto Garzón Espinosa, economista y diputado en las Cortes Generales, en su blog personal "Pijus Económicus" lo explica de forma clara. Explica el economista que hemos pasado de una economía basada en el trabajo a una economía basada en las finanzas. Antes solo existían, en el mundo empresarial, empresarios y trabajadores, de forma que el empresario era propietario y organizador del trabajo empresarial, mientras que los trabajadores ponían la mano de obra para obtener un beneficio. Si la tendencia hubiese sido esa y nada más, la cuestión hubiese seguido siendo sencilla. Sin embargo con el crecimiento de las empresas surgen las primeras sociedades anónimas, donde los socios capitalistas poseían una pequeña parte del capital (y por tanto de la propiedad) de la empresa y otras personas organizaban el trabajo. El culmen fue, sin duda, la internacionalización empresarial y la globalización, que hicieron del mundo empresarial algo excesivamente dinámico, que en sintonía con los mercados financieros y la ingeniería financiera (conjunto de inversiones destinadas a la reestructuración de los mercados) crearon un concepto de mercado que rompía con la idea tradicional de crear riqueza a partir del trabajo, para pasar a comprar partes de otras empresas o invertir en otros proyectos de empresas ajenas, haciendo del empresario, un mero propietario de una parte del capital empresarial pero que nada tiene que ver con la función productiva de la empresa, es decir, se cambia el concepto de empresario. Del gran empresario sobretodo.

En este punto, el poder político vuelve a tener un rol importantísimo. Puesto que el mercado iba en dirección contrapuesta al modelo Keynesiano, se empezaron a aplicar en todo el mundo una serie de políticas denominadas "neoliberales" que iban destinadas a romper las regulaciones y límites que existían al mercado empresarial. Es en este punto cuando se pierde la cordura. Dejar de regular un sector con una influencia social tan fuerte como es el mercado, que entre otras cosas ofrece a los ciudadanos alimentos, servicios o empleos, es condenar a los ciudadanos a un suicidio económico que llegaría tarde o temprano.

Analizando la historia, quizá el primer gran y grave precedente que podamos analizar como consecuencia de una liberalización excesiva del mercado, la tenemos que buscar en el crack del 29´, donde el liberalismo financiero extremo que se vivió, puso el mundo "patas arriba", y los brokers de Wall Street se precipitaban de los altos edificios newyorkinos al perder sus fortunas de la noche a la mañana. Es por ello que mi postura al respecto es bastante clara : capitalismo si, pero regulado. El mercado y las economías capitalistas necesitan estar reguladas y limitados, porque el "todo vale" solo puede desembocar en catástrofes económicas y financieras. Después de el gran fracaso liberal de 1929, el recelo a lo liberal era amplio, como era lógico. Pero esto no significaba, ni mucho menos, que las políticas liberales acabasen aquí. Un grupo de 25 liberales entre los que se encontraban Walter Lippman, se reunieron en París para formular el conocido Coloquio de Walter Lippman, en el que se planteaba un liberalismo que rompiese con el liberalismo clásico y que no congeniara con el comunismo. Nació así el neoliberalismo, que era básicamente lo mismo, pero avanzado un paso más. Absurdo. "Como el modelo no funciona, exagerémoslo", debió pensar.

A partir de este momento, la coyuntura mundial hizo debatir al mundo entero con guerras entre el comunismo y el capitalismo, y cada país utilizaba las economías que más les convenían. El triunfo del neoliberalismo llegó relativamente tarde, durante la década de los 70, tras el fracaso que había tenido la gestión Keynesiana de la crisis del petróleo en 1973.

Fue cuando grandes figuras políticas de entonces como Ronald Reagan y Margaret Thatcher pusieron en práctica una serie de políticas neoliberales que curiosamente tuvieron efectos distintos en las dos economías : La inglesa creció, de forma que el sector público se vio claramente beneficiado de ello, mientras que la vocación militarista de los estados Unidos le pasó factura al presidente Reagan, pues una serie de inversiones en ese sentido y en otros, desembocaron en un gran déficit fiscal. A partir de aquí las políticas Neoliberales , sobre todo por la puesta en escena de una política carismática como era Margaret Thatcher, se fueron extendiendo por las economías occidentales, propagándose la lógica de que la desregulación, la privatización y en definitiva, la liberalización de los mercados y los servicios tendían a ser más eficientes que los públicos. Una vez más, el poder político sirvió a intereses privados dejando de lado a los públicos, demostrando que este triángulo inseparable tiene el éxito asegurado para el 1% de la población mundial.

Así pues, el mercado actual está formado por empresas que gracias a una legislación muy poco restrictiva, influyen de forma muy directa en las sociedades, pensemos, por ejemplo, en la creación de empleo, y afirma D. Alberto Garzón, muy certeramente a mi parecer, que esta lucha de empresas excede del marco económico y entra de lleno en una lucha de poder, algo tremendamente peligroso para las sociedades.

Entonces, ¿Cuál es ahora exactamente la situación?. La principal bandera de la economía capitalista es el libre mercado; es decir, la capacidad que tienen las empresas de comerciar libremente, en cualquier parte del territorio en el que operen, ofreciendo una garantía de competencia entre las empresas que favorecen a la mejora en la calidad y precio de los productos, que luchan por la creación de empleo, etc. La teoría, sin embargo, es solo eso: Teoría. La realidad es, como era previsible, más cruda. Un reciente estudio realizado por los economistas Dña. Stefania Vitali , D. James B. Glattfelder y D. Stefano Battiston, titulado "The Network of Global Corporate Control", nos revela que de las 43.060 empresas más poderosas del mundo, 737 controlan el valor accionarial del 80% de ellas. Dicho de otra forma estas 737 empresas (de 43.060) han adquirido acciones del 80% del total, con lo cual, la teoría del libre mercado, la teoría de la competencia entre empresas, y las teoría del mercado capitalista como medio antimonopolística, es un fraude. Además, el estudio continúa diciendo que de ese 80% controlado por las 737 empresas más poderosas (también llamadas transnacionales), existe un núcleo formado por empresas "core", formado por 147 empresas que controlan el 40% del total, a través de la compra de acciones. La teoría del fraude del libre mercado, pues, se reafirma y se fortalece. Además, dos tercios de estas 147 empresas, están formados por empresas financieras, es decir, grandes bancos.

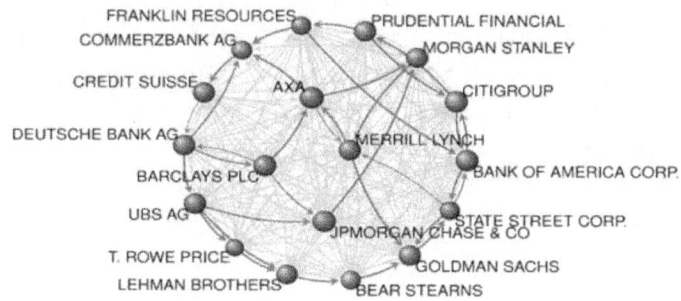

*Imagen extraída del trabajo "The network of Global Corporate Control", en el que se observa como grandes grupos comerciales están unidas unas con otras, sobretodo grandes bancos, anulando a una gran escala la competencia mercantil que se debe derivar del libre mercado.

He aquí, pues, la explicación sobre como los bancos

absorben el mercado gracias al poder político. Las grandes entidades financieras, a nivel mundial, controlan la economía de la mayor parte de las empresas, que son las encargadas de crear empleo. Dicho de otra forma, la situación es la siguiente: Una excesiva generosidad para ofrecer crédito por parte de los bancos, y no controlada por los estados a nivel mundial (también español), redunda como era previsible en una crisis a nivel mundial. La crisis destruye empleo y las personas paran de pagar a los bancos. Por lo tanto, la economía se estanca. Se exige que se cree empleo, pero el empleo solo se puede generar si el banco está bien, porque es quien ofrece el crédito. Desde el estado el poder político vuelve a entrar en acción e inyecta dinero a los bancos con impuestos que han pagado las personas para otros fines y los bancos vuelven a llenar la hucha. Ahora falta crear empleo. Como los grandes bancos son propietarios de las grandes empresas, total o parcialmente, deciden que de momento la situación es "delicada" y no hay flujo de dinero que les llegue, y como el dinero de los impuestos que pagan las personas se ha utilizado para salvar los bancos, los servicios básicos de las sociedades, como sanidad, educación, justicia, dependencia, pensiones, etc, se ven afectados directamente. Verdaderamente, habría que aplaudir la maquinaria de ingeniería socio-económica que han construido.

6.5. El efecto nocivo de los paraísos fiscales

Un paraíso fiscal es, a groso modo, un país con una legislación que exime o reduce considerablemente el pago de impuestos a los inversores extranjeros que mantienen cuentas bancarias o constituyen sociedades en sus territorios. Así pues, la relación que existe entre el paraíso fiscal y la entidad que deposite allí sus ingresos, es de mutuo beneficio, pues el inversor se puede garantizar una serie de beneficios fiscales y el país en cuestión atrae divisa extranjera para fortalecer su economía, hasta el punto de que muchos países sin industria suficiente han podido subsistir gracias a la industria financiera que en ellos existe. Esto sin embargo, sí que perjudica a alguien, y es a los estados, que pierden capacidad económica debido a estas fugas de capitales.

Es en este primer sentido en el que quiero dirigir mi crítica a los paraísos fiscales. La lógica nos invita a pensar que, dando por hecho que el pago de impuestos es necesario en una sociedad con nuestras características, cualquier conducta destinada a evadirlos es, cuanto menos, inmoral. Piénsese que el pago de impuestos es un instrumento de solidaridad social. Sin el pago de estos impuestos, objetivos como construir escuelas, trenes, hospitales y demás infraestructuras, sería un imposible. Como bien apunta la web "paraísos-fiscales.es", si bien es cierto que los estados luchan por el bien de sus intereses contra los paraísos fiscales, el nuevo orden mundial basado en la globalización económica hace muy difícil el control sobre el movimiento del dinero. Es por ello que la línea a seguir por los países interesados en una mayor restricción de los paraísos fiscales reside en presionar a los gobiernos de esos países para que cambien la legislación fiscal en ese sentido, alegando que son estos sitios los que ayudan a blanquear capitales de terrorismo, narcotráfico, prostitución y, como no, evasión de impuestos. Es decir, un paraíso fiscal es, a groso modo, un país que puede colaborar en cierta medida a deteriorar las condiciones económicas de otro. Por supuesto, la mayor de las culpas la tiene el empresario o la persona que desarrolle esta actividad, y es eso precisamente lo que quiero demandar.

Según el FMI, una cuarta parte de la riqueza mundial, está en paraísos fiscales. Esto quiere decir que de toda la riqueza mundial, hay una cuarta parte que no ha pasado por el filtro de los impuestos, y eso conlleva irremediablemente a una gran pérdida por parte de los ciudadanos. Tanto es así que, según informó la ONU, tales impuestos cubrirían de sobra las necesidades básicas de la humanidad, o dicho de otra forma, si el dinero que se ha evadido en paraísos fiscales se hubiese destinado a luchar contra la pobreza, se hubiese conseguido. La existencia de paraísos fiscales, y más aún en el plano de globalización en el que vivimos, es aberrante para la justicia económica. La mayor parte de las empresas que cotizan en el IBEX 35 tienen presencia en paraísos fiscales como Fiji, República de Nauru, Islas Marianas, Macao, Gibraltar, etc (la lista de países considerados paraísos fiscales por España, se encuentra establecida en el RD 1080/91 de 5 de Julio, que enumera un total de 48 Jurisdicciones offshore). La cuestión además es bastante turbia, puesto que estas empresas (estas grandes empresas), no solo españolas, sino de todas partes del mundo, suelen operar en países pobres por el bajo coste de la mano de obra de ellos. Si al menos eso sirviera para que con la recaudación de impuestos de estas empresas se fomentara la economía de estos países, aún se podría ver con buenos ojos (no pagan impuestos en España pero al menos los pagan en países pobres). Es aquí donde el paraíso fiscal sirve a las grandes empresas que llevan su dinero allí, quedando éste libre de impuesto. Se calcula que anualmente se evaden por parte de las empresas unos 160.000.000.000. (ciento sesenta mil millones) de dólares. Unas cantidades que son tan obscenas porque redundan en la riqueza del que ya tiene y le sobra, y perjudica a quien a duras penas come una vez al día. Una completa omisión de la redistribución de la riqueza.

En segundo lugar, y desde un punto de vista menos económico, los paraísos fiscales son un gran amigo de los evasores de impuestos. Sin olvidar que la línea del ensayo es ofrecer soluciones al que personalmente he denominado "absurdo español", vayamos por partes. ¿Cómo es posible que los paraísos fiscales sean una opción tan atractiva para los evasores?. El principal motivo para ello es el llamado "secreto bancario" de los paraísos fiscales. Esto no es más que una legislación especial (nuevamente el poder legislativo en favor de bancos y empresas) que permite a los bancos mantener una postura de total confidencialidad ante terceros, incluso siendo estos terceros entidades públicas o tributarias. Esta postura de confidencialidad abarca tanto datos personales como números de cuentas o transacciones. En algunos ordenamientos este secreto bancario tiene incluso rango constitucional como ocurre en el famoso caso de Suiza, que por cierto, ha traído varios quebraderos de cabeza a organizaciones como la OCDE para situarlo o no dentro del elenco de paraísos fiscales, pues ha defendido el secreto bancario con uñas y dientes durante toda su historia bancaria pero en los últimos años ha tenido que revelar cuentas por casos de fraude norteamericanos. Este secreto bancario, además no solo es un secreto que simplemente se deba guardar, sino que su omisión se castiga con altas penas pecuniarias o incluso con cárcel según el país. Poco a poco este secreto bancario ha ido perdiendo fuerza gracias a la presión internacional, y depende del paraíso fiscal en cuestión, estos ofrecen mayor colaboración sobretodo en casos de narcotráfico, tráfico de armas, prostitución, terrorismo o graves casos de fraude, con la condición de que el delito que se investiga sea delito tipificado en las leyes penales del paraíso fiscal. Sin embargo, ocurre un problema en cuanto a la evasión de impuestos, y es que esta no es considerada delito en la mayoría de las jurisdicciones offshore, puesto que los paraísos fiscales solo cargan con tributos las actividades realizadas en su territorio, no existiendo obligación de tributar en el paraíso fiscal por actividades externas. Es un pez que se muerde la cola.

Así pues, el paraíso fiscal, junto a los beneficios que ofrecen a sus inversores, se convierte en el último escalón del dinero. Dinero obtenido ilícitamente que es invertido en un banco en el que no se pregunta a nadie de dónde sale. A mi, personalmente, me parece un acto de inmoralidad sin precedentes utilizar los paraísos fiscales de la forma tan avara que lo utilizan los empresarios. Pero me parece aún más obsceno que un cargo político, que representa la voluntad de los ciudadanos, lo haga. En mi opinión, lo primero que se tiene que cambiar para que acabe esta casta de políticos con tan pocos valores éticos, es atender a las humildes soluciones que he elaborado acerca de la educación social del pueblo español y acerca de la preparación y aptitudes de los cargos públicos, pero es también importante dificultar la vía del delito.

Son dos las soluciones que planteo en relación a la injusticia de los paraísos fiscales. Una para combatir la injusticia de índole económico, y otra para combatir la criminalidad. En primer lugar considero que la ONU, que es el organismo competente para ello, haga firmar a todos los miembros, tratados internacionales en favor de una mayor eficiencia y transparencia económica, comenzando por abolir todos los paraísos fiscales o imponer un gravamen del 30% sobre todo el capital circulante de los mismos. El problema, sin embargo es que también quienes están en la ONU persiguen los mismos intereses que empresarios o banqueros, con lo que una vez más, la solución es fácil en el papel y difícil en la práctica. En segundo lugar, también la ONU debería abolir incondicionalmente el secreto bancario y reorientar la conducta de los bancos a una de colaboración cuando la justicia de algún país requiera de los datos de los clientes para juzgar asuntos de índole penal.

CONCLUSIONES DEL AUTOR

Explicando a Parménides en el instituto, mi profesor de filosofía y amigo Tazarte, nos decía que "todo fluye". Es un debate filosófico que he querido adaptar a mi persona a medias: Si algo va mal, si algo incomoda, no hay problema, pues puede cambiar. Traigo esto a colación porque este ensayo trata sobre el cambio. Y se trata, además, del más importante de los cambios. El cambio de mentalidad de los hombres y las mujeres. El cambio social. El cambio político y con ello el cambio personal.

El absurdo español no es más que un repaso por aquellas cuestiones que considero de vital importancia corregir dentro de un sistema que propugna los valores de democracia, igualdad, pluralismo político y justicia. Es por ello que considero que cada capítulo trae consigo un factor de vital importancia para el desarrollo y la comprensión del libro. Además considero que con los capítulos y sus explicaciones he desglosado las piezas del puzle que componen este sistema tan bien construido. Hablo de una construcción óptima desde el punto de vista de sus creadores, lógicamente, que han puesto en marcha una serie de elementos sociales, culturales, jurídicos y económicos que están en perfecta sintonía para hacer del sistema lo que no debería ser : Algo que desmontar. Un sistema debe ser sólido, si. Pero esa solidez debe defender a sus ciudadanos y no a los intereses de una minoría con poder. Es por esa perfección con la que ha sido construido el sistema español por lo que debemos crear ensayos como este. Debemos concienciarnos como sociedad de cuál es el problema, cuál la solución y quiénes los encargados de ponerla en práctica.

Antes de que este ensayo terminase de ser escrito, tuve varias conversaciones con varios amigos apasionados del debate y la opinión que me daban su punto de vista sobre el problema. Y tras horas de conversación, la conclusión era siempre la misma: El sistema está hecho para que continúe eternamente.

Una serie de personas aprovechando la coyuntura social de una España decaída tras un largo y desolador periodo dictatorial, deciden asentar las bases de la nueva España.

Posiblemente con más entusiasmo que con intención de corromperlo desde dentro, aunque sin embargo la realidad ha acabado siendo la segunda. Estas personas promulgan una Carta Magna y hacen de ella nuestra más valiosa garantía legal como ciudadanos. Ahora nuestros principios fundamentales como sociedad (justicia, libertad, pluralismo político etc.) quedan plasmados en un papel y teóricamente el estado y la sociedad se construirá a partir de ellos. No obstante la cuestión ha sido diversa y esta constitución ha sido brutalmente degenerada, vulnerada y violada en todos los artículos que tenían un valor de peso dentro de ella. El trabajo, la vivienda, la sanidad, la educación, la justicia... Y lo peor de todo es que además ese texto nos hace preso del avance, pues nos concede unos derechos que la clase política (principalmente) destruye, pero sin embargo deja bien atada cualquier vía para deslegitimar a un gobierno que simple y llanamente, falsea la democracia.

Por si ello fuera poco, el tribunal que garantiza que se hagan correctas interpretaciones en virtud de la Carta Magna es elegido precisamente por aquellos que han alienado el sentido de la palabra "democracia" y que deterioran el bienestar de los ciudadanos día a día, decreto a decreto. ¿Por qué nos pasa eso?. ¿Porqué no somos capaces de reconducir la situación?.

La raíz del problema, no solo según mi opinión sino según la de muchos sociólogos y otros muchos librepensadores con los que he tenido el gusto de conversar, es la mentalidad y la educación, unidas ambas de la mano. De hecho creo que deberíamos referirnos a ambos conceptos como uno solo en este caso. Es la educación la que ofrece a los ciudadanos una mayor conciencia social, y con ello una mayor mentalidad, y ello a su vez da fuerzas y ganas de cambiar las cosas. Es por ello por lo que España no parece un país con muchas esperanzas de avanzar en ese sentido. Tenemos que lamentar profundamente que la educación, tanto académica como personal en este país, es profundamente deficiente, y es precisamente porque quienes tienen la solución para cambiar la situación, no quieren que eso ocurra. ¿Una sociedad de personas concienciadas?. Es casi inconcebible desde el punto de vista del egoísmo político.

Por esta razón he visto conveniente hacer un análisis del aspecto social dentro del absurdo español. El factor social es el que hace a las personas. Podremos ser un país con deficiencias desde el punto de vista político y constitucional, pero lo que nadie duda es que somos sociedades, al fin y al cabo, y que nuestro sistema político es, irremediablemente, un reflejo de nosotros mismos.

Una vez hayamos subsanado el defecto de la educación social, podremos, democráticamente, intentar solucionar los problemas desde adentro. En primer lugar, siendo una sociedad concienciada, podremos tener cargos políticos dignos del cargo. Personas preparadas cognitiva y moralmente. Alejarnos del concepto de política como negocio y pasar a pensar en la figura del cargo político como en un simple administrador de las diversas áreas estatales y desprendernos del factor del poder y del dinero. De esta forma la exigencia de la separación de poderes pasaría de ser una exigencia a ser una perogrullada.

Siguiendo esta línea, creo que es importante aislar las figuras políticas de los otros poderes, por una parte, y de las influencias bancarias y empresarias, por otra. Es sin lugar a dudas la figura del político la que mayor preocupación ofrece a los ciudadanos, y desde luego ello se debe a que a base de leyes y a base de sentencias dictadas por un tribunal contaminado, se ha otorgado a los políticos un control absoluto sobre el estado, convirtiéndose en el primer punto de desencuentro con la lógica democrática. Pensémoslo un segundo: El poder ejecutivo, lógicamente, es un poder político. Es el gobierno y sus funciones. El poder legislativo, es poder político, pues está formado por personas que indiscutiblemente legislan en virtud de las órdenes de su partido político, como bien hemos visto en apartados como las listas cerradas o la disciplina de voto. Y el poder judicial , que encuentra sus dos mayores órganos en el Tribunal Constitucional (que aunque si bien es cierto que este tiene un estatuto independiente del poder judicial, emite sentencias y está formado por Magistrados) y el Tribunal Supremo están ambos influidos directamente por órganos políticos como las cámaras legislativas o el propio Consejo General del Poder Judicial.

¿Cómo hemos llegado a este punto?. Apartándonos del que yo creo que es la raíz del problema, la educación, y profundizando, el poder político se ha preocupado de ir cocinando una serie de leyes que han obrado en favor del bipartidismo. El bipartidismo rancio de siempre. Ese con el que abandonamos el siglo XIX y que aún hoy nos persigue, metamorfoseado, aunque igual en esencia. El principal problema atenta, precisamente contra un valor fundamental de la constitución como es el pluralismo político. Con la complejidad que ella abarca, la ley electoral se ha perfilado sobre un sistema de representación que beneficia, como he explicado, a los dos partidos mayoritarios. Además la ley de financiación de partidos otorga a los partidos políticos un status de impermeabilidad difícilmente comparables al de otros entes políticos en países extranjeros. Estas son, desde mi punto de vista, las dos leyes que más blindan el sistema. Lógicamente el sistema es un mecanismo en el que carburan todas las piezas al mismo tiempo. Y un gran paso para destruir esta maquinaria, es privarla de sus privilegios electorales. El reto es grande, puesto que para que ello suceda antes hemos debido construir una conciencia social previa que haga entender al pueblo cuáles son los problemas. Pero una vez hecho, y por supuesto luchando cada uno desde su posición, hay que desmontar piezas concretas. Una mayor igualdad en el reparto de votos aumentaría necesariamente la calidad de las políticas de ambos partidos, pues, como en los mercados, si el cliente está indeciso entre un producto u otro, serán los pequeños detalles los que le terminen de convencer.

A partir de ahí, la democracia se irá recomponiendo. Una vez cese el monopolio político en el que vivimos, la política se podrá comenzar a vivir de otra forma y se podrá avanzar en otros muchos sentidos: Se empezarán a cumplir los programas electorales porque se pondrán medidas para ello, cesará la política como negocio porque desde dentro se legislará en ese sentido, se preparará más y mejor a la clase política, etc.

Otro factor importante al que no he querido parar de dar importancia en el ensayo han sido los medios de comunicación, que controlados también por el poder político, crean un pensamiento político cerrado en el ciudadano medio español, que pierde cualquier tipo de interés por escuchar cualquier cosa que no sean tópicos televisivos o alternativas políticas. En la televisión muy difícilmente se da publicidad a partidos políticos con ideas vanguardistas porque no conviene hacer pensar al ciudadano sobre este tipo de posibilidades. Internet bien manejada en este sentido, es una herramienta que tiene que cumplir una función social muy clara, y es la de compartir la información necesaria entre el pueblo no solo para destapar los fallos del gobierno, sino para educar a los ciudadanos a conocer todos los problemas que he tratado en el ensayo y otros muchos, así como enseñarles a encontrar la solución a los mismos.

Por último, para terminar de hacer esta breve síntesis de los contenidos del libro, el aspecto económico es quizá el más delicado. Hay que construir una economía social. Hay que poner la riqueza a disposición de las personas que lo trabajan y son merecedores de ello. Hay que prohibir la especulación con ciertos bienes y legislar con la austeridad y el ahorro por bandera, y cesar en el incansable trato de favor que se tiene para con los bancos y las grandes empresas, que una vez incompatibilizados el cargo de político con el futuro cargo de empresarios, será más fácil. Hay que volver a poner la banca en el lugar que le corresponde, que es en el de ofrecer crédito a proyectos empresariales para crear riqueza, y tratar de volver a comerciar con productos y no con finanzas que no se correspondan con ningún tipo de trabajo. Cambiar el concepto de capitalismo neoliberal al capitalismo de la escuela clásica, con límites, restricciones y controles. No hablo de nacionalizar las empresas o la banca. Hablo de ser honestos y construir entre todos un sistema capitalistas que no se devore a sí mismo. Y sé lo difícil que es pensar en algo así, sobre todo por el martirio económico que hemos atravesado fruto del capitalismo agresivo, pero al no creer en otros sistemas económicos, son los que debo defender. Y los creo posibles.

A lo largo de estos meses escribiendo este ensayo, he aprendido muchas cosas. Buenas y malas, pero sobretodo malas. He aprendido que la codicia es detestable y que el ser humano ha construido las bases de la sociedad sobre ella, con el irremediable desenlace que hemos tenido. No somos la peor de las sociedades, ni mucho menos. Y considero que el fondo de la misma es bueno y que podemos sacar provecho si entre todos hacemos lo posible por mejorarlo. Desde luego, si hay alguna conclusión que he sacado, es que está en nuestra mano.

Igual que se ha construido este sistema, se puede destruir y crear uno nuevo. Un sistema basado en la honestidad, pero para ello, todos tenemos que colaborar y sentirnos responsables del cambio. Si uno no tiene la capacidad suficiente para prepararse y entrar en un partido político, siempre puede educar a sus allegados, influyendo en ellos de forma positiva y educándolos en la corrección y la honradez. Cambiar la mentalidad de una sociedad, no es fácil, y desde luego no seré yo quien la cambie escribiendo estas líneas, pero si de algo pueden ayudar, el esfuerzo no habrá sido en vano.

BIOGRAFÍA DEL AUTOR:

Paris Nuez Marrero (Abogado) nació en Las Palmas de Gran Canaria en el año 1989 y pronto se mudó a la Graciosa (Lanzarote) y posteriormente a Fuerteventura, debido a cuestiones laborales de sus padres. Volvió a la capital, donde finalizó su educación primaria en el colegio Isabel La Católica para volver a trasladarse, esta vez al municipio de Santa María de Guía, donde estuvo seis años en el CEO Luján Pérez de Casa Aguilar y tres en el IES Guía. Al acabar el instituto, y tras una frenética y cambiante vida académica, tuvo claro que quería estudiar derecho, matriculándose en la Universidad de Las Palmas de Gran Canaria en 2008, sintiendo una primera y gran inquietud por las ramas del derecho constitucional, penal, civil y administrativo. Recientemente ha concluido sus estudios en la Universitá Degli Studi di Ferrara (Italia), y actualmente se encuentra cursando la Escuela de Prácticas Jurídicas por el Ilustre Colegio de Abogados de Las Palmas, labor que compagina como asesor jurídico en la plataforma "Stop Desahucios".

AGRADECIMIENTOS

Quiero agradecer, en primer lugar,
al lector de estas líneas, que
ha encontrado el valor de
atender a las opiniones
de un autor cualquiera
y sin nombre.

Quiero agradecer a mis padres
por influir de forma
tan positiva y justa en la formación
de mi fuero interno.

Quiero agradecer a todos los buenos
profesores que he tenido
durante mi vida académica
y que han sabido despertar
en mi el interés por

la sociedad.

Quiero agradecer a cualquier persona que
haya compartido conmigo
una conversación
relativa a los temas que en este ensayo trato
y que tantas buenas ideas me
han aportado.

Escrito entre Septiembre de 2013 y Julio de 2014 en Ferrara, Italia

Contacto:

Correo Electrónico : Paris.nuez@hotmail.com

Facebook : Paris Nuez

Twitter: @ParisNuez

Blog: http://parisnuez.wordpress.com/

www.ingramcontent.com/pod-product-compliance
Lightning Source LLC
Chambersburg PA
CBHW060840170526
45158CB00001B/202